MARKETING

Bilingual Teaching Case

市场营销学

双语教学案例

主　编　马永斌　张亚越
副主编　金　安　郁雯珺　程　露

北京大学出版社
PEKING UNIVERSITY PRESS

内 容 简 介

本书以企业的营销实践来解释市场营销理论，涵盖了市场营销学的基本内容，从消费者行为分析到营销战略三要素，再到4P营销理论，均有对应的案例。每个案例均包含知识点、案例正文、案例问题三部分内容，一方面可以让国外学生对企业的管理实践有直观的认识，另一方面也可以满足国内高校双语或全英文教学的需要。

本书适合市场营销专业的本科生使用，同时也可作为企业营销培训用书或供相关领域从业人员参考。

图书在版编目（CIP）数据

市场营销学：双语教学案例 / 马永斌，张亚越主编．—北京：北京大学出版社，2023.6
ISBN 978-7-301-33647-2

Ⅰ．①市… Ⅱ．①马… ②张… Ⅲ．①市场营销学—高等学校—教材 Ⅳ．① F713.50

中国版本图书馆 CIP 数据核字（2022）第 251075 号

书　　名	市场营销学：双语教学案例 SHICHANG YINGXIAOXUE: SHUANGYU JIAOXUE ANLI
著作责任者	马永斌　张亚越　主编
策划编辑	李娉婷
责任编辑	耿　哲　陶鹏旭
标准书号	ISBN 978-7-301-33647-2
出版发行	北京大学出版社
地　　址	北京市海淀区成府路 205 号　100871
网　　址	http://www.pup.cn　新浪微博：@ 北京大学出版社
电子信箱	pup_6@163.com
电　　话	邮购部 010-62752015　发行部 010-62750672　编辑部 010-62750667
印 刷 者	北京市科星印刷有限责任公司
经 销 者	新华书店
	787 毫米 ×1092 毫米　16 开本　14.75 印张　220 千字
	2023 年 6 月第 1 版　2023 年 6 月第 1 次印刷
定　　价	48.00 元

前　言

加入 WTO 后，中国经济深度融入世界。中国企业在与国际企业的竞争中不断成长，积累了丰富的营销实践经验，吸引着越来越多的国外学生来学习中国企业的管理方法。党的二十大报告指出，要加快构建中国话语和中国叙事体系，讲好中国故事、传播好中国声音。本书遵循这一精神，力求讲好中国企业的营销故事。“市场营销学”是工商管理类专业的核心课程之一，在教学实践中，教师需要结合企业的营销实践讲授营销学知识。经过几年的准备，编者对自己在教学过程中撰写和使用过的案例进行了改编，形成了本书。本书可以作为高等院校经济管理类专业“市场营销学”课程的配套教材，也可以作为企业营销培训用书。

本书涵盖了市场营销学的基本内容，从消费者行为分析到营销战略三要素，再到 4P 营销理论，均有对应的案例。案例 1 主要涉及顾客满意度、顾客保留和顾客终身价值等内容，可以用于理解营销学的基本概念。案例 2 讲述宁波一家本地公益组织是如何取得消费者信任的，可以用于消费者行为分析。案例 3 主要是基于消费者产品购买决策过程，分析影响消费者购买决策的因素，可以用于消费者行为分析。案例 4 主要讲述一家宁波本地企业的营销战略转型，涵盖的知识点有市场细分、目标市场选择、市场定位等，可以作为营销战略等内容的配套案例。案例 5 讲述的是宁波本地老字号品牌结合新媒体进行品牌创新的过程，可以作为品牌定位、品牌创新、顾客保留等内容的配套案例。案例 6 讲述的是永辉超市的战略转型，可以用于定价策略的学习。案例 7 讲述的是农垦企业的 O2O 转型过程，可以作为渠道部分的配套案例。案例 8 讲述的是当下最流行的直播营销模式，可以作为营销渠道知识的配套案例。案例 9 讲述的是国有企业的渠道变革与创新，可作为营销渠道知识的配套案例。案例 10～12 分别关注了广告、公共关系和引流问题，可以用于促销策略和整合营销传播的学习。

本书主要由宁波大学从事“市场营销学”和“心理学”课程教学的教师编写。具体分工如下：马永斌负责案例 1、3；程露负责案例 2、7；张亚越负责案例 4、6、9；郁雯珺负责案例 5、8；金安负责案例 10～12。本书的顺利出版得益于宁波大学工商管理国际化专业建设项目的支持，在此表示感谢。感谢宁波大学硕士研究生李奥同学做了大量的资料收集与整理工作。感谢唐雪莲老师、徐妍鑫同学、王申同学提供了部分案例素材。在此特别感谢北京大学出版社所做的耐心细致的编辑工作。

鉴于编者水平有限，对于本书存在的欠妥和不足之处，敬请同行、读者批评指正。

马永斌

宁波大学

2022 年 10 月

Preface

Accession to WTO has made China's economy deeply integrated into the world. Chinese enterprises have continuously grown and accumulated rich management practices through competition with international companies, attracting more and more foreign students to learn about Chinese business management methods. The report to the 20th National Congress of the Communist Party of China pointed out that, we will accelerate the development of China's discourse and narrative systems, better tell China's stories, make China's voice heard. Following this spirit, this book strives to better tell the marketing stories of Chinese enterprises. Marketing is the core course for business administration majors. In teaching practice, it is necessary to integrate marketing knowledge with the practice of Chinese enterprises. After several years of planning and preparation, we have edited the cases used in our teaching process to compile this book. We hope that this book may be taken as supporting teaching materials for management courses in universities and colleges, as well as a reference for enterprise training and self-study.

The cases in this book have covered the basic contents of Marketing, from consumer behavior analysis to STP and 4P. Case 1 explains the basic concepts of marketing, such as customer satisfaction, customer retention, and customer lifetime value. Case 2 tells how a local public welfare organization in Ningbo gains consumer trust and can be used to analyze consumer behaviors. Case 3 focuses on the factors that affect the consumer's purchase decision-making process and can be used for consumer behavior analysis. Case 4 mainly talks about the strategic transformation of a local enterprise in Ningbo and explains market segmentation, target market selection, and market positioning. It can be used for marketing strategy analysis. Case 5 focuses on the issues of brand innovation by local traditional brands in Ningbo combined with new media. It can be analyzed in combination with the theory of brand positioning, brand innovation, and customer retention. Case 6 focuses on the strategic transformation of Yonghui Supermarket and can be used to analyze pricing strategies and tactics. Case 7 analyzes the O2O transformation process of agricultural enterprises and can be used as a case for the marketing channel section. Case 8 describes the most popular live broadcast marketing model nowadays. It can be analyzed in combination with the knowledge of marketing channels. Case 9 focuses on channel reform and innovation of state-owned enterprises, and can also be used in the marketing channel section. Cases 10～12 focus on advertising, public relations, and redirect inbound respectively. They can be used in promotional strategies and integrated marketing communications sections.

This book is written by teachers of Ningbo University who are engaged in teaching Marketing and Psychology courses. The specific arrangement of this book is as follows: Ma Yongbin is responsible for Case 1 and Case 3; Cheng Lu is responsible for Case 2 and Case 7; Zhang Yayue is responsible for Case 4, Case 6, and Case 9; Yu Wenjun is responsible for Case 5 and Case 8; Jin An is responsible for Case 10～12. The publication of this book is due to the support of the Business Administration Internationalization Program of Ningbo University. Li Ao, a postgraduate student of Ningbo University, has done a lot of data collection and sorting. Tang Xuelian, Xu Yanxin, and Wang Shen provided some case materials. I would like to express my appreciation for them. Besides, I would like to express my special thanks to the editors of Peking University Press.

Given the limitation of the authors' knowledge and experience, we welcome criticism and correction from our peers and readers regarding any deficiencies and shortcomings in this book.

Ma Yongbin
Ningbo University
October 2022

目　　录

案例 1

饭店的尴尬：如何面对不满意的顾客

【知识点】

顾客满意度、顾客忠诚、顾客保留、顾客终身价值

【案例正文】

1. 引言

宁波是一座历史悠久的港口城市，海洋资源非常丰富，为当地海鲜酒店的发展提供了机会和空间。宁波的经典海鲜名菜有红膏炝蟹、咸齑大汤黄鱼、油煎东海大带鱼、醉黄泥螺、葱油海瓜子、白蟹炒年糕、红烧鲳鱼等。宁波菜最大的特色就是原汁原味、鲜咸合一，从而把原材料最好的一面呈现出来。

浙江东海渔港集团股份有限公司（以下简称东海渔港）一直以“真材实料”“顾客为本”“倡导一流饮食文化”为宗旨，努力为顾客营造一流的用餐氛围，提供热情至诚的服务和一流的美味佳肴。东海渔港通过传承、研发和创新，打响了宁波菜的名头。多年来，东海渔港以其“物美、价低、质优、量大、绿色、健康”的特点吸引了众多食客，成为宁波本地美食的一块金字招牌。东海渔港拥有一批优秀的资深餐饮管理人员和训练有素的服务人员，还有一支熟练掌握各大菜系烹调方法的厨师队伍和大批默默奉献的后勤人员。

2. 事件起因

崔海是东海渔港中山路分店的经理。晚餐时发生在饭店的一件事让他陷入了麻烦。一位老顾客与朋友在饭店就餐时，在一道经典菜肴中发现了一根头发。这位顾客非常生气，立刻向服务员提出要求：更换这道菜，同时免去当晚的用餐费用（3367 元）。

这位顾客的理由是，菜肴中的头发表明饭店的菜品没有达到预期的质量标准，饭店在执行卫生标准时没有严格遵守规定，这与饭店承诺的“质优”“顾客为本”相违背，与饭店的定位也明显不符。此外，今天他带着非常重要的朋友来就餐，正是

因为他告诉朋友饭店的菜肴、服务和卫生均上档次，朋友才会一起来。这件事情严重影响了朋友对他的看法。为此，饭店不仅要更换这道菜肴，还要免去用餐费用。

3. 事件经过

作为饭店经理，崔海首先向顾客道歉，并要求厨房马上重新做一道新菜来替换这个菜。但是崔海认为，饭店不应该免除该顾客当晚的全部用餐费用。一方面是因为只有一道菜出现了问题，而不是所有的菜都出了问题。另一方面是因为饭店已经执行了非常严格的卫生标准，但是仍然会出现一些没有预料到的问题，即便是最豪华的五星级酒店和米其林三星餐厅也会有这样的情况。于是，崔海说："先生，您自己家做饭想必是非常注重健康和卫生的，但是否也会出现这种情况？这不属于公司承诺的质量问题。"在东海渔港的章程中，的确没有将"菜肴中出现头发"作为质量问题。尽管崔海已经向顾客表达了真诚的歉意，但是该顾客仍然非常生气，并坚持他的要求，对崔海认为这不是质量问题的解释很不满意，双方因此争执不下。鉴于用餐的顾客较多，崔海不想让这件事情影响其他顾客的心情和满意度，而且对于这么高的赔偿金额，崔海也没有决定权。于是崔海请该顾客先入座，由自己向公司经理汇报请示。

崔海立即打电话请公司经理进行决策。崔海认为：该顾客的要求太高，本来只是一件小事情，他却抓住不放。一旦满足了他这次的要求，他下次一定会变本加厉。对于这样的顾客，公司没必要继续保留。崔海还建议公司应该建立专门的制度来防止这样的事情再次发生。比如，在公司的服务条款中，明确规定类似的事情发生时只赔偿顾客出问题的菜的损失。

挂断电话后，公司经理陷入了两难的境地。一方面，顾客的要求的确是有道理的，菜里出现头发的确是不应该的，公司应该有所表示才对；另一方面，全部免单也有点儿说不过去，毕竟总费用是几千元。公司经理查询该顾客的消费记录后，发现他是一位常客，平均每两个月来饭店消费一次，每次消费金额大约为 1000 元。按照餐饮行业平均 30% 的利润率估算，公司每年可以从该顾客身上赚取的利润大约为 1800 元。根据经验，公司经理认为该顾客非常值得投资，只是免 3000 多元有些多。

最终，公司经理认为可以给该顾客提供与本次消费相同金额的优惠券，但这些优惠券有一定的使用条件：①顾客必须在一年内使用完；②单笔最高优惠 1000 元；③该优惠券不能与其他优惠券同时使用；④该优惠券不能在节假日和周末使用。公司经理认为，根据消费记录，该顾客应该会对优惠券满意，而且优惠券也可以激励该顾客以后多来店里消费，从而长期绑定该顾客。如果给该顾客免单，那么他很有可能不再来消费。而且，饭店在工作日也不是满座的，给顾客优惠券不会增加太多成本。

4. 事件结论

作出决定后，公司经理立即开车到饭店，赶在该顾客离开之前，向该顾客亲自道歉，并送上价值 3500 元的优惠券，在告知优惠券的使用条件时，公司经理解释说这些使用条件是公司的要求，但是根据该顾客的消费情况，使用条件的影响不大。公司经理也向该顾客承诺，公司一定会加强管理，杜绝此类事件再次发生。最终，该顾客满意地离开了饭店。另外，公司经理认为崔海提出的建议也有价值，公司应该为处理此类事件制定一套规范，但是既不应该只赔偿出问题的菜，也不应该全部免单。

5. 事后措施

事后，公司经理召集各分店经理开会。会议主题主要有两个：第一，强化质量管理，杜绝此类事件再次发生，如果再次发生则由各分店经理承担责任；第二，修改特殊事件处理规定。经讨论，大家一起确定了处理纠纷的三个步骤：第一步，向顾客表示诚挚的歉意；第二步，积极解决顾客所提出的问题；第三步，给予顾客适当的赔偿。

但是针对一些具体的问题仍没有达成一致。比如，直接免单还是给优惠券？如果给顾客提供优惠券，优惠券的金额应是多少？订单的 1/2 还是 1/3 ？如何降低顾客的不满意度？

6. 后续发展

事件结束一个星期后，公司的客服经理与该顾客取得了联系，询问他对饭店的处理是否满意？是否会继续到饭店用餐？并请他就饭店存在的其他问题进行反馈。该顾客表示非常满意。该顾客的消费数据显示，在此后的半年内，该顾客的优惠券全部承兑，而且之后该顾客还继续在饭店消费。

【案例问题】

1. 在本案例中，应对突发事件时崔海有哪些备选方案？公司经理有哪些备选方案？

2. 问题 1 中这些不同的方案有什么区别？（分别从企业和顾客的角度去思考和回答）

3. 在本案例中，崔海和公司经理的做法是否恰当？如果是你，你会选择哪个方案？

4. 在本案例中，顾客的价值是多少？应如何计算？

5. 你认为公司应该如何制定今后的赔偿制度？

6. 你觉得公司是否需要对优惠券设定使用条件？为什么？

案例2

善园网：互联网公益营销的“信任战”

【知识点】

消费者信任、服务的特征、消费者购买决策过程

【案例正文】

1. 引言

我国公益慈善事业发展至今大致经历了三个阶段。在“慈善 1.0”阶段，公益活动是通过传统的线下形式展开的。当时公益活动的参与人以企业、社会名人为主，公众参与度较低；慈善项目一般不会从实际需求出发，慈善行为大多是捐赠者履行社会责任的表现或出于捐赠者自身朴实的爱心。捐赠者和受助者之间须以公益组织为纽带，它们的关系在大部分情况下是割裂的。

2000 年以后，随着社会经济迅猛发展，人们的生活条件越来越好，公益慈善事业逐渐步入“慈善 2.0”阶段。越来越多的人通过慈善机构参与到公益慈善事业之中。此阶段公益慈善事业的特点是企业与社会名人主导，公众参与。

2014 年以来，随着移动互联网和数字技术的高速发展及深度应用，人们生活的方方面面都在发生着快速的变化，公益慈善事业也不例外，正式踏入了“慈善 3.0”阶段。在“慈善 3.0”阶段，新的慈善模式彻底颠覆了传统的慈善模式。任何有爱心、有公益心的人都可以随时随地参与甚至发起公益活动。捐赠的高门槛被打破，越来越多的年轻人通过多样化的捐赠渠道参与到公益活动中。捐赠渠道的多样化，同样还伴随着捐赠形式的多样化。钱财不再是捐赠的唯一形式，越来越多的人成为志愿者，把自己的时间和技能提供给需要帮助的人。

互联网的加入，让捐赠者和受助者之间的良性互动越来越多，公益项目的针对性越来越强。公众的广泛参与及公益行为的精准性，让公益效果更加显著。公众公益慈善意识的不断提升，最终推动公益慈善事业发展形成良性循环。

2. 善园网成立契机

陈耀芳是宁波市善园公益基金会的创始人，他从 1997 年开始一直从事慈善事业。2011 年，陈耀芳受聘担任宁波鄞州银行公益基金会秘书长，在随后的两年中，他积极推动宁波鄞州银行公益基金会与鄞州严氏“义乡”建筑群合作，成立善园慈善基地。2015 年年初，宁波市善园公益基金会（以下简称善园基金会）正式成立，陈耀芳担任理事长，主持善园基金会日常工作。

对公益项目运营模式和公益慈善行业发展的理解，让陈耀芳深刻认识到在传统公益项目运营模式下，公益慈善领域存在着以下难题。一是“供给”与“需求”错位。一方面，对于公益组织来说，普遍存在缺乏项目资金甚至缺乏项目活动的问题；另一方面，潜在的捐赠者或志愿者遇到的问题则是：难以找到一个可靠的渠道获取公益活动或公益项目的具体信息，难以建立对公益组织的信任。二是公益活动辐射范围较小，影响力有限。以宁波鄞州银行公益基金会为例，受项目的组织和管理成本的制约，其在 2013 年、2014 年的活动范围主要是宁波市内六区和近郊地区。三是“小爱心”没有得到有效利用。传统公益活动局限于捐钱捐物，捐赠者主要是通过银行、邮局汇款，或是在现场捐赠，这在客观上对捐赠者的捐赠金额或物品数量提出了一定的要求，无形中提高了捐赠的门槛，将经济条件一般的爱心人士挡在门外，浪费了总体规模巨大的“小爱心”。四是公益组织透明度不够，无法完全取信于公众。在传统公益项目的运营模式下，公益组织可以做到按月披露善款使用的会计信息，但对于善款是否用在求助者身上、每笔善款的走向、求助者反馈等捐赠者和爱心人士最为关注的信息却无法全面披露，因此难以取信于公众。

2015 年年初，陈耀芳及其团队成员敏锐地发现互联网技术对于公益慈善事业具有积极的影响，他们认为互联网公益能够打破公益运营的僵局并带来新的希望。于是，陈耀芳决定在维持善园基金会线下公益项目运营的同时，组建互联网部门，并迅速开始设计规划善园基金会互联网公益平台——善园网。新部门中有将近一半的成员是跟随陈耀芳从宁波鄞州银行公益基金会一路走来的老部下，他们在传统线下公益项目发起、组织和管理运营等方面积累了丰富的经验。同时，陈耀芳又为新部门招募了几位经验丰富同时也有公益慈善热情的产品经理和程序员，共同打造善园网，以实现更远大的互联网公益理想，实现“人人可公益、人人能公益”。

3. 善园网运营架构设计

2015年上半年，团队内部经过多次商讨，确定了善园网网页功能模块的雏形，并开发出第一版进行试运行。善园网网页功能模块最初的设计主要参考了淘宝网的“卖家+买家+平台客服”框架，总思路是“三透随心”，即捐款轨迹透明，捐款信息透明，捐款成果透明，随心捐款、没有捐款金额限制。这一思路旨在获取公众信任，实现“人人可公益、人人能公益”，汇聚小爱成大爱，打通公益慈善领域“供给”和“需求”之间的通路。

善园网网页前端的用户功能主要包括六大模块（图2.1）。①用户中心——求助者和捐赠者可以在线注册，成为免费会员。会员可以登录网站，绑定个人银行账户、支付宝和微信等，管理个人注册信息，掌握个人捐款或收款动向。②项目查询——会员和游客可以根据自己的公益偏好对网站上发布的公益项目进行全方位检索。③项目浏览——会员和游客可以根据不同公益项目的类别属性一层一层地浏览下去，直到浏览完全部项目。④在线捐款——会员可以通过绑定的银行账户、支付宝或微信等进行在线捐款。⑤项目申报——实名认证会员可以发起求助项目，并可随时查询项目进度。⑥帮助中心——以在线文本的形式对前端的各项功能作解释说明。

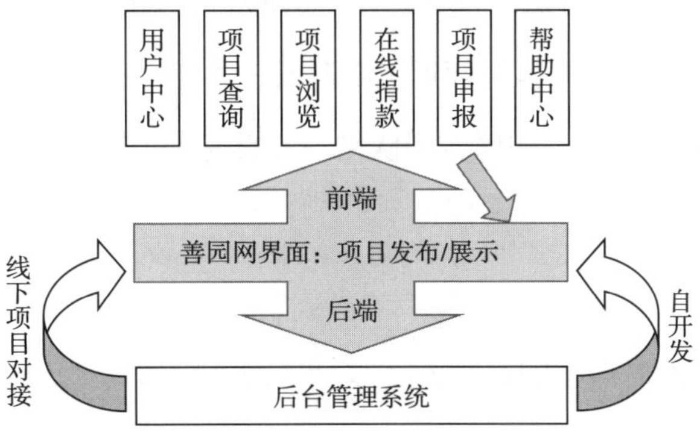

图2.1 善园网网页功能模块

4. 善园网成功上线

2015年11月下旬，经过了半年的调试和试运行，善园网正式上线运营。

“救助浙西贫困家庭两岁重病幼童小维维”是善园网发布的第一个公益慈善项目。一对夫妻在宁波打工多年，家里两岁大的孩子本是这对夫妻的希望和幸福源泉，然而原因不明的罕见病却差点把这份幸福夺走。而“救急难”正是善园基金会成立和善园网构建的初衷之一，因此善园基金会迅速与浙江省民政厅达成合作意向，在善园网发布和推广该项目。在善园网的牵线搭桥之下，该项目一经发布，就受到了宁波市民的广泛关注。在该项目募集过程中，善园网“三透随心”的理念体现得淋漓尽致——每天对外披露资金的募集进度、捐款明细、资金走向等信息，这种做法得到了捐赠者和爱心人士的一致好评。项目发布不到一周，就筹集到了10万元救助金用于孩子在北京某医院的治疗，最终孩子得到了成功的救治。

“救助老兵”是宁波鄞州银行公益基金会在2014年与“中国关爱抗战老兵群”志愿者团队合作成立的公益项目，后来发展成善园基金会的重点公益项目。2015年11月底，“救助老兵”项目在善园网首次发布，并迅速在宁波市乃至浙江省的爱心人士之间扩散开来。秉持“三透随心”的理念，善园网及其“救助老兵”项目得到了捐赠者和爱心人士的高度信任。项目发布不到半个月，就成功募集到一期共20万元救助金，惠及180余名老兵。而这一成效是善园基金会过去在线下运营一年才能实现的。

2015年11月底到12月底，仅仅一个月的时间，善园网陆续上线了包括“救助老兵”在内的28个项目，筹款金额近100万元，共计11700余人次参与了捐款，惠及1600多名受助者。这对于陈耀芳团队来说无疑是一剂强心针。善园网初战告捷，成功步入正轨。

5. 信任危机仍存

接下来的几年对善园网来说是2015年“开门红”的延续。从项目发布到捐赠者参与，一切流程都很顺利。与项目相配套的信息披露制度，也让各方都保持满意的态度。2018年，善园网新发起公益项目411个，累计筹集善款突破1100万元，参与捐赠人数超过10万人次。除了最开始网页上的几项基本功能，善园网还补充了企业捐赠通道，以满足部分企业履行社会责任的需求。该功能上线后也获得了良好反响。

漂亮的数据给大家带来了强烈的成就感。陈耀芳觉得借着这股向上的势头，可以再加大力度推广善园网，让更多的人认识它。于是，陈耀芳带队在鄞州区的几个商场、社区宣传善园网。在做现场宣传的几天里，前来问询的热心市民倒是不少，然而他们在了解了善园网是做什么的之后，表现出的是不信任和质疑，质疑集中体现在以下三个方面。①对公益慈善机构不信任。公益慈善机构的公信力危机仍未度过，善园网也被殃及。不论陈耀芳等人如何剖白，市民仍持怀疑态度。②看不懂披露信息。与先入为主的怀疑和偏见相比，一部分爱心人士对信息披露的担心则让陈耀芳等人无法回避。例如，网站上看不到执行进度的信息，公布出来的钱款信息让人看不懂等。③监管审查存在漏洞。一位“95后”爱心人士的疑惑，让陈耀芳等人不得不认真思考起来，即善园网应如何做好监管审查以避免诈捐现象。

然而在线下推广受挫的同时，线上的打击也接踵而来。不到一个月时间，客服小组就收到了两条有代表性的线上反馈意见。

（1）项目申报难

一条帮助贵州某山村留守儿童的公益项目发起人的反馈意见，引起了客服小组的重视。项目发起人是一名来自浙江的在该村支教的大学生。在目睹了当地留守儿童极差的学习环境之后，她决心帮助学生们改善他们的校舍。由于这位大学生此前接触过善园网，所以她第一时间就想到在善园网发布项目，寻求热心捐赠者的帮助。然而即使作为一名大学生，她在填写发起项目的信息时，也遇到了不少麻烦，如很多地方不知道该选什么，对话框提示信息不知所云等。仅仅是把最基本的信息填好，就花去了她整整一天时间。好在她所发起的项目不是十万火急的，也不是一天两天就可以解决的。然而这位大学生却是个有心人，她非常敏锐地注意到了背后可能存在的问题。“万一有很着急的项目呢？如果求助者文化水平不高，不懂网络操作，怎么发起求助项目呢？长此以往，善园网怎么能让求助者信服呢？”于是她给善园网的客服写了一封建议信，表达了自己的担心。

（2）项目募集进度远低于预期

另一个引起客服小组注意的意见，是来自一位大叔的抱怨。这位来自河北邢台的大叔也是一位试图进行筹款的项目发起人。他是邢台郊区的一个农民，由于一场特大洪灾，他们村的道路被毁，孩子们上学非常困难。大叔在浙江上大学的外甥，建议他在善园网发起项目试试。大叔是个直性子，他把修路的各项预算都做得很详细，但是除了最基本的项目信息，他没有做任何其他额外描述。这使得他发起的项目完全没有吸引到捐赠者的注意。虽然早在三个月前项目就通过了审核，但三个月过去了，资金筹集工作毫无进展，甚至还有人留言质疑项目的真实性。这让大叔特别着急，于是将电话打到了客服小组这里。这背后的问题（如应如何科学地展示公益项目）让人深思。

接二连三的问题让团队成员的心情有些沉重。虽说这些问题看似都不是大问题，但它们背后潜藏的危机却让人不得不担心。更打击团队士气的是，在随后的很长一段时间里，类似问题一直存在，并且有愈演愈烈的趋势。

6. 信任重建

2018 年年底，陈耀芳主持召开了为期三天的内部工作讨论会议，善园网高层管理人员、各运营小组主要负责人和技术骨干均参加了会议。在会议上，大家针对善园网 2018 年受到的种种质疑和批评进行了积极讨论，并就“如何打消公众对善园网的疑虑”这一核心议题发表了各自的观点，最后管理层制订了以下整改措施。

（1）加强监督审查

在善园网的运营过程中设立“善管家”志愿者团队。任何爱心人士都可以申请成为“善管家”志愿者团队的一员。作为第三方，他们承担的工作包括：对项目进行审核、跟进和监督，防止项目发起方甚至平台有欺诈行为，杜绝公益投机行为；监督善款去向、执行进度和落实情况，防止平台截留善款；帮助项目发起人优化项目内容和形式，更好地展现项目。

（2）线上线下公益联动

积极利用善园网线下平台优势。随着善园慈善综合体的建立，管理团队能够孵化和扶持更多专业的公益组织。这些公益组织可以作为各类公益项目的发现者、对接者、联系者和督导者，直接为需要帮助的人提供服务，更加专业地在善园网发起项目，跟进后续项目的执行情况，对公众进行项目反馈等。此外，专业的公益组织也能够帮助善园网管理团队定期为"善管家"志愿者提供培训和辅导，加强志愿者队伍的能力建设。

（3）简化申报流程与完善在线客服功能

一方面，善园网改善了网页设计使项目申报界面更友好，简化了项目前期的申报流程，突出项目内容重点。在简化项目申报流程的同时，加大了项目后期审查监督力度，从而避免项目造假。另一方面，"善管家"志愿者团队协助完善了在线客服功能。在客服小组人力不足的情况下，任何在线的"善管家"志愿者都可以作为客服的补充力量，为项目发起人或捐赠者解答疑问、提供帮助。

此外，针对部分爱心人士抱怨的"信息披露看不懂"问题，善园网管理团队重新设计了项目执行情况的汇报模板，减少了专业性过强的财务信息，重点显示捐赠者关注的信息，如转账凭证、善款去向和时间点等，确保每位捐赠者都能够看得清、看得懂；在页面最突出的位置留下项目联系人的联系方式，方便捐赠者有问题时随时联系，解决疑问。

7. 尾声

2019 年 1 月，善园网的整改措施全面落实，并得到社会公众、民间公益组织和官方慈善机构等公益慈善参与者的广泛好评和支持，越来越多的志愿者愿意担任"善管家"。同时，善园网线下平台正式运营，经过扶持、培训的专业公益组织也逐渐加入善园网的建设，从而形成了一种良好的线下线上互补模式。

之后，善园网的公益事业迅速发展，在项目发布数量、筹款规模、捐赠人次和受益群体规模等方面屡创新高。

"二次捐赠比例下降的本质是没有获得公众的长效信任，归根结底还是信任机制的问题”，看着年报的陈耀芳意识到，善园网还有很长的路要走，公益慈善机构的信任问题并没有得到完全解决。善园网未来如何发展，让人充满期待。

【案例问题】

1. 什么是互联网公益？善园基金会为什么要筹建善园网？

2. 互联网公益营销的核心机制是什么？善园网是如何建立这种核心机制的？

3. 善园网在早期的运营过程中存在哪些问题？这些问题产生的根源是什么？

4. 善园网管理层实施了哪些整改措施？这些措施能够解决二次捐赠下滑的问题吗？谈谈你的看法。

案例3

夫妻购买奶粉的决策过程

【知识点】

消费者购买决策过程、消费者购买决策类型、信息搜索和评估

【案例正文】

1. 引言

作为准妈妈的丽丽精心准备着各种必需品以迎接宝宝的到来。她想为宝宝挑选最合适、最健康的物品，所以每天都忙得不亦乐乎，辛苦并快乐着。

有一天，丽丽突然在电视上看到了美赞臣奶粉的广告词：美赞臣是母乳喂养的好搭档。她不知道自己是否需要给宝宝准备奶粉，因此，第二天咨询了刚生完宝宝不久回来上班的同事。同事告诉她："要准备奶粉！因为宝宝刚出生时母乳可能不够，奶粉是必须准备的。"

2. 产品信息搜索

丽丽闲下来就在网上搜索，她发现网上有很多婴儿奶粉排行榜：国产奶粉排行榜10强，奶粉质量排行榜20强，进口奶粉排名前10，有机奶粉排行榜，等等。丽丽也搜索了主要的国内外奶粉品牌的网站，以及常用的购物平台，但是网络上信息繁多，对各种产品褒贬不一，没有统一答案。

百闻不如一见。丽丽的丈夫小刚决定周末到线下的超市去看看。由于听闻山姆会员商店（以下简称山姆）进口食品丰富，小刚特意办理了山姆的会员卡。一走到奶粉专区，小刚就看到两边的货架上陈列了十几个品牌的奶粉，飞鹤、伊利、雅培、多美滋等国内外品牌应有尽有。奶粉都按品牌进行了分类，分别摆放在不同的区域。

小刚来到飞鹤的售卖专区，专区推销员立即向其推荐起飞鹤"星飞帆"系列婴儿配方奶粉。虽然推销员极力推荐，但看到众多的奶粉品牌，小刚还是想再看看。

“我家孩子蛋白过敏，吃了高蛋白奶粉后就起了疹子。后来又换了好几个品牌的奶粉，最后才选择了惠氏奶粉。”小刚听到其他顾客的交谈后走到了惠氏奶粉的区域。

惠氏的推销员看到小刚过来后，立刻热情地向他推荐惠氏奶粉。推销员一口气介绍完惠氏奶粉的特征，但小刚却听得云里雾里，对推销员所说的各种营养成分完全没有概念。之后，陆续有其他品牌的推销员向小刚推荐他们的品牌。各种创新功能、营养成分让小刚目不暇接，一时难以抉择。

接下来的几天，小刚和丽丽一直在搜索和学习各种奶粉知识。经过一段时间的集中学习，他们了解到真正意义上的高品质婴幼儿奶粉不是一些简单的参数能够体现的，也并非网络流行的奶粉排行榜所能概括的。他们一致认为，在进行奶粉选择时需要先制定好标准，这样才可以从数不胜数的产品中找到自己需要的产品。他们制定的标准包括：第一，奶源好，品质有保证；第二，产品安全可靠；第三，适合宝宝体质；第四，价格合适。

3. 品牌评价和选择

小刚和丽丽按照自己的评价标准，经过一段时间的搜寻后，最终确定了以下几个备选品牌。

（1）爱他美

爱他美是德国领先的高端奶粉品牌，是欧洲销量最好的奶粉品牌之一。在爱他美研究中心，科研人员探索母乳奥秘 40 年，取得了显著成果。爱他美与一些大学、科研机构及营养学家合作，将最新的科研成果应用在婴幼儿奶粉的配方中。爱他美表示其官方出售的爱他美奶粉 100% 德国原装原罐进口，所有奶粉都是严格按同一标准生产的，所有出口至中国的爱他美奶粉均经过中德双重检验，品质更有保障。爱他美有多个版本。

① 国行版（经典版、卓萃版）。不论经典版还是卓萃版，都是全乳糖配方设计，没有添加香精、香料、蔗糖等添加剂，乳糖甜度低。这种配方奶粉在口味上较为清淡，比较适合成长期的宝宝。除此之外，两个版本都添加了可以促进宝宝大脑和视

网膜发育的二十二碳六烯酸（DHA）。不同的是，卓萃版中添加了天然乳脂，可以减少钙皂的形成，让宝宝排便更加通畅。

② 德国版（经典版、白金版）。德国版（经典版）1段和国行版（经典版）1段比起来，没有亚油酸、α–亚麻酸。白金版pre段、1段、2段都添加了无水奶油，可以降低宝宝便秘的概率，但是对于新生儿来说没有那么容易吸收。此外，德国版（白金版）的包装采用了安心罐设计，密封性比较好。

③ 英国版（经典版、白金版）。英国版（经典版）1段中没有添加亚油酸、α–亚麻酸等有利于宝宝视力、脑力发育的成分；而且3段中还添加了麦芽糊精，对宝宝成长不利。英国版（白金版）各阶段都添加了天然乳脂。

④ 澳大利亚版（白金版、金装版）。澳大利亚版（白金版）各阶段都添加了益生菌，有利于宝宝的成长。但1段中添加了麦芽糊精，这对宝宝成长不利。澳大利亚版（金装版）3段中不仅添加了麦芽糊精还添加了葡萄糖浆，大大增加了宝宝未来患龋齿及肥胖的风险。

（2）至初

这是来自a2牛奶公司的品牌，产品纯天然、无添加，源自含有A2型蛋白质的牛奶。至初婴幼儿奶粉的最大特点是含有A2型β–酪蛋白，而不含A1型β–酪蛋白，这是自然原生的贴近母乳中天然酪蛋白的配方。大量的研究和实验都证明A2型β–酪蛋白有潜力改善宝宝的消化功能，促进宝宝对营养物质的吸收，呵护宝宝稚嫩的消化系统。含有A2型β–酪蛋白的配方，最大限度地从源头上避免了（由A1型β–酪蛋白引起的）不良健康反应。至初有以下几个版本。

① 国行版。国行版的至初婴幼儿奶粉在添加了A2型蛋白质的基础上，还添加了DHA、二十碳四烯酸（ARA）、核苷酸、牛磺酸、乳铁蛋白和益生元等营养成分，配方更加科学，更有助于宝宝吸收。但2段缺少胆碱，胆碱又被称为“记忆因子”，是合成乙酰胆碱的重要原料，是大脑思维、记忆等智力活动的必需物质，因此缺少胆碱不利于宝宝的脑力发育。

② 澳大利亚版。澳大利亚版的特点也是在配方中加入了A2型蛋白质，更进一

步促进了宝宝对营养物质的吸收。澳大利亚版 1 段和 2 段均添加了 DHA、ARA、核苷酸、牛磺酸、胆碱和益生元等营养成分，但 3 段只添加了 DHA 和益生元。相较于国行版，澳大利亚版 3 段添加的 DHA 更多一些。

至初婴幼儿奶粉吸引小刚和丽丽的就是 A2 型蛋白质这一营养成分，而且奶粉的产地也不错。因此，他们把至初婴幼儿奶粉列入备选清单。

（3）雅培

雅培婴幼儿奶粉是来自美国雅培公司的产品。在 130 多年的发展历程中，雅培不断突破创新，帮助妈妈给宝宝更好的营养。雅培婴幼儿奶粉拥有 4 项欧盟认可的食品认证，符合中欧双重标准。雅培有以下几个版本。

① 雅培经典恩美力。经典恩美力采用的是美国奶源，在中国生产，各阶段都添加了 DHA、ARA、核苷酸、牛磺酸、胆碱和益生元等营养成分。经典恩美力相较于雅培其他奶粉来说，DHA 的含量较少。经典恩美力添加了叶黄素、β-胡萝卜素等有利于宝宝视力发育的营养成分。但经典恩美力 3 段添加了蔗糖。

② 雅培铂优恩美力。铂优恩美力的奶源来自爱尔兰，它使用鲜奶生产，同经典恩美力一样，添加了 6 种重要的营养成分。但由于是经典恩美力的升级版本，除拥有经典恩美力配方中的营养成分外，铂优恩美力还额外添加了益生菌，起到调节肠道、促进消化的作用。铂优恩美力 2 段及以上均添加了蔗糖和香精。

③ 雅培菁挚纯净。菁挚纯净的奶源同铂优恩美力一样也来自爱尔兰，不含核苷酸，DHA 的含量处于同系列产品的中等水平，菁挚纯净额外添加了 1,3- 二油酸 -2- 棕榈酸甘油三酯（OPO 结构脂），OPO 结构脂可以使钙和脂肪酸的吸收更充分，还可以降低便秘概率。菁挚纯净 2 段添加了白砂糖和香精。

④ 雅培菁挚有机。菁挚有机的奶源来自丹麦，奶基为有机鲜奶。菁挚有机主打有机，而有机奶粉认证规定奶粉中的原料至少要有 95% 是有机的，这就意味着不能过多地添加人工合成的营养素，因此菁挚有机没有添加任何强化配方。菁挚有机 1 段未添加牛磺酸、核苷酸，2 段、3 段未添加牛磺酸、核苷酸、胆碱。但菁挚有机各阶段的 DHA 含量都较高，并且菁挚有机中添加的是纯净藻油 DHA，质量好，更安

全，有利于宝宝大脑发育。菁挚有机 3 段含有麦芽糊精和蔗糖。

小刚和丽丽根据以上信息得出，雅培婴幼儿奶粉均有或多或少的蔗糖添加，长期食用容易造成宝宝口味上的依赖甚至导致偏食，还可能提高龋齿和肥胖的概率。于是他们决定不考虑雅培婴幼儿奶粉。

（4）美赞臣

该品牌自 1905 年创立至今，已有 100 多年的历史，是全球知名的婴幼儿营养品品牌。美赞臣汇聚前沿的营养科研力量，一直致力于配方的研发和创新，为婴幼儿的健康成长提供从科学探索到临床科学研究的全面支持。美赞臣有以下几个版本。

① 国行版。美赞臣国行版包含铂睿系列、安儿宝系列、蓝臻系列、亲舒系列等，除了安儿宝系列（进口奶源，在中国生产），其他系列均是荷兰原装原罐进口。国行版添加了 DHA 和 ARA，配方更贴近于母乳。其中，美赞臣蓝臻系列添加了乳铁蛋白、乳脂球膜等强化配方，有助于促进宝宝认知能力的发展；美赞臣亲舒系列添加了部分水解蛋白，有助于呵护宝宝的肠胃，促进消化。

② 美国版。美赞臣美国版主要有金樽和蓝臻 2 个系列。美国版奶源来自美国，在美国本土生产销售。美国版蓝臻只有 1 段，而金樽 1 段、2 段的适用年龄也与国行版不一样。

根据网上信息可知，除美国版 1 段外，其他美赞臣奶粉全部添加了固体玉米糖浆，3 段及以上一般还添加了蔗糖，这些成分降低了奶粉的营养价值。根据搜集到的信息，小刚和丽丽感觉国行版的蓝臻系列产品各阶段表现均不错，因此决定将其列入备选清单。

综合搜集到的信息及周围的消费实例，爱他美以微弱优势战胜其他品牌，成为小刚和丽丽的选择。经过对价格和品质的权衡，小刚和丽丽最终决定在爱他美的 4 个版本中选择德国版爱他美。

4. 选择卖家

（1）线下店铺

确定好品牌后，小刚决定去山姆看看。在山姆等线下进口超市购买奶粉的优点是：可以立即拿到产品，渠道可靠（德国本土发货），产品质量有保证。但山姆等线下进口超市的德国版爱他美价格较高，比网上代购的德国版爱他美贵了大约150元，即使开通超市会员，也不会便宜多少，毕竟超市经营成本也包含在产品的价格中，于是小刚决定选择线上渠道。

（2）线上渠道

德国版爱他美奶粉网上代购价格比较实惠。各大在线商城中的奶粉代购店铺非常多。但各个店铺的评价、声誉差别很大。因此，小刚和丽丽特别谨慎。

① 淘宝。小刚在淘宝上浏览了多家售卖德国版爱他美的店铺，其中包括爱他美官方旗舰店、天猫超市等。他从信用值、销售数量、店铺介绍、货品来源、店铺动态评分、服务承诺、评价等各方面对店铺进行了对比，最终选择了一家位于德国的店铺“有米全球购”。理由有以下几点。

第一，这家店铺已经积累了四皇冠的信用，粉丝数有1.2万人，并且具有“全球购商家”“金牌卖家”等认证。淘宝官方的认证在一定程度上帮店主树立了诚实可信的形象。小刚非常喜欢“有米全球购”的买家须知和常见问题板块，这两个板块展示的内容几乎解答了小刚的所有疑问，因此小刚对该店铺所售的德国原装爱他美的信任大大增加了。

第二，“有米全球购”的奶粉都是由店主本人在德国各大超市采购的，支持视频标记直播，所有奶粉均采用空运方式运输，打包发货均由“有米全球购”的工作人员亲自监督完成，每件产品都有对应的德国当地超市的购物小票。清晰的购物流程让小刚一目了然。

第三，店主非常体贴地罗列了顾客的常见问题，并且仔细地进行了答复。同时大量的顾客好评，给卖家树立起更加牢固可靠的形象。“有米全球购”的德国版爱他美pre段的价格为300元，处于淘宝的均价水平。可靠的渠道以及合适的价格让小刚将“有米全球购”列入备选店铺。

② 京东。小刚还在京东上查找了许多售卖德国版爱他美的店铺，如爱他美海外京东自营店、京东进口超市等，经过比较，小刚根据自己的标准选择了一家海外店铺：BTN（Back to Nature）。

第一，这家店铺已开业六年，店铺星级为五星，粉丝有 40.7 万人，主营业务就是海外代购，保证正品，并且具有京东国际的认证，这些都大大地提高了商品的可信度。不同于淘宝店铺“有米全球购”，这家店铺的商品是由京东重庆巴南保税综合仓发货的，可以保证商品更快地送达消费者的手中。

第二，店铺承诺所售奶粉均有正品保障，有采购清单和报关单，可以放心购买，大量的顾客好评增加了小刚对于这家店铺的信任。这家店铺德国版爱他美 pre 段的售价为 309 元。小刚也将其列入备选店铺。

小刚和丽丽对这两家店铺的评价与印象都很好，经过一番商讨，他们决定在淘宝的“有米全球购”购买德国版爱他美，原因是这家店铺的德国版爱他美奶粉来源更可视化，价格也相对便宜，只不过运输时间较长，但由于距离宝宝出生还有一段时间，因此这个因素影响不大。

由于宝宝还没出生，不知道会不会适应德国版爱他美奶粉，会不会出现腹泻、湿疹、过敏，或需要吃特殊配方奶粉等情况，而且小刚认为需要先买一罐来验证奶粉的品质，因此，小刚和丽丽最终决定先买一罐奶粉。在宝宝出生前 30 天时，他们收到了第一罐奶粉。

小刚和丽丽的宝宝顺利出生，并幸运地吃上了母乳。由于宝宝出生后的前几个月奶粉只是母乳的补充，需求量不大，因此小刚继续在“有米全球购”店铺购买德国版爱他美奶粉。宝宝吃德国版爱他美奶粉后一切正常，没有出现腹泻、过敏等症状。小刚在“有米全球购”的购物过程也非常顺利。随着宝宝慢慢长大，宝宝对奶粉的需求也将发生变化，如宝宝该吃几段奶粉，需不需要更换奶粉品牌等，小刚将继续关注、比较、选择。

【案例问题】

1. 奶粉购买属于哪种消费者购买决策类型？
2. 分析奶粉消费者有哪些特点。
3. 如果你是山姆会员商店某一奶粉品牌的推销员，你会如何与小刚沟通？

4. 如果你是雅培公司的推销员，你将如何说服消费者购买雅培奶粉？（可以通过官方网站和其他渠道搜索该品牌奶粉信息）

5. 假如你是伊利公司的推销员，你将如何说服消费者购买伊利奶粉？（可以通过官方网站和其他渠道搜索该品牌奶粉信息）

案例 4

韵升音乐盒的互联网营销战略转型

【知识点】

3C 模型、市场细分、目标市场选择、市场定位

【案例正文】

1. 引言

机械音乐盒的发展史，可追溯至 14 世纪初期，当时人们发明了挂在教堂钟楼上的排钟，这种用发条装置来演奏的乐器，能发出清脆如水晶般的乐声，一度风靡荷兰、比利时和法国北部。瑞士曾经是这项技术的中心。

第二次世界大战以后，日本的技术人员借鉴瑞士的制造技术并进行了改造，不但使音乐盒的造价降低了很多，还提高了产量。随后，日本制造的音乐盒，打败了瑞士多家厂商制造的音乐盒，逐渐形成瑞士的御爵和日本的三协在全球音乐盒市场分庭抗礼的格局。

这种情况一直延续至 20 世纪 90 年代。随着中国经济逐渐融入国际社会，全球的机械工业开始向中国倾斜，音乐盒的制造也不例外。1992 年，中国第一台具有自主知识产权的音乐盒在宁波韵升音乐礼品有限公司（以下简称韵升）诞生了，这标志着中国全方位地参与到全球音乐盒市场竞争中。

音乐盒的发展过程，同时也是人类文明发展的历史见证。如今，沿袭传统工艺并结合现代制造技术制造的音乐盒，成为人们收藏情感、追求音乐、美化居室等的选择，得到了众多人的追求。

韵升是一家专业从事音乐盒礼品设计、开发、制造和营销的公司，也是国内唯一一家拥有精品音乐盒独特加工工艺的企业。经过十多年的努力，韵升对音乐盒的制造技术进行了多次更新，取得了多个国家和地区的 50 余项发明专利。韵升结合瑞士与意大利的传统工艺，汲取艺术品的精粹，采用公司独有的制造技术，将音乐机械广泛应用在各类高档音乐盒礼品中。韵升使音乐盒在音质、音量、谱曲和外观

设计等方面都有了很大的改进。目前，韵升音乐盒已占据全球音乐盒市场份额的50%，成为世界最大的音乐盒生产和销售基地。

2. 团购市场渐生变化

八音琴是一种利用机械振动产生音乐的机械装置，是音乐盒等工艺礼品及相关玩具的核心配件。除了优美的旋律，八音琴的机械之美更加俘获人心。1992 年，韵升在音乐盒核心部件机芯上实现了重大突破，生产出我国第一台具有自主知识产权的音乐盒。1994 年，韵升在国内注册商标，以公司名作为品牌名，并开发了雷曼士（Rhymes）系列音乐盒，开始步入音乐盒礼品终端市场。20 世纪 90 年代，音乐盒市场主要以团购为主，韵升通过经销商采购、企业团购和政府采购展开销售。然而，近年来随着市场上可供选择的礼品种类日益丰富，以及移动互联网的快速发展，礼品消费主体也逐渐由团体向个体转移，韵升在音乐盒礼品市场上遇到了业绩增长瓶颈，营销战略转型迫在眉睫。

在大力拓展团购市场的同时，韵升开始尝试打开个体消费者市场。为此，韵升在宁波（2001 年）、上海（2003 年）、杭州（2003 年）、深圳（2003 年）、成都（2003 年）、南京（2003 年）、北京（2003 年）等地开设了音乐礼品自营门店。但是由于音乐盒作为礼品比较小众，价格也比一般礼品高，加上当时人们的收入水平普遍不高，因此店面销售量一直萎靡不振，营业收入无法覆盖店面租金和人工费用等营业成本。快速的扩张没有给韵升带来预期的收益，于是韵升果断关闭了外地市场的门店，仅保留了一家位于宁波民安路的旗舰店，产品销售仍以政府和企业批量采购为主。

2012 年，中央八项规定出台，政府和企业采购礼品的预算锐减，且这些单位对同一种类礼品很少会重复购买，因此音乐盒团购市场容量趋于饱和，音乐盒礼品公司之间的竞争十分激烈。韵升急需开拓新的市场和新的销售渠道。

3. 拓展消费者市场

2010 年以后，长大后的“80 后”“90 后”逐渐成为个人礼品消费的主力人群。他们购买礼品时会更加关注便捷性和即时性，也更习惯于通过网络购买，于是许多礼品厂家和经销商将线下店铺转移到线上，韵升也决定开设线上网店并将其作为新的销售渠道。

不过，是全部转为线上，还是线上线下同时运营？如果全部转为线上，基于互联网的便利的确可以接触到更多的消费者，但消费者也很注重消费的场景化以及体验；线下门店尽管受众面较小，但在真实礼品展示及提升消费者现场体验感方面依然具有独特的价值。经过反复权衡，韵升决定采取线上线下双管齐下的全渠道营销方式。

2014 年，韵升音乐盒旗舰店正式入驻天猫商城，但几年运作下来，该店铺一直处于不温不火的状态。韵升虽然在音乐盒礼品市场经营了 20 多年，规模也是行业内最大的，但从原来团购 B2B 市场转向以消费者为主的 B2C 市场，还是遇到了很多挑战。比如，音乐盒在礼品市场所占比重很小，销售规模不大，很多消费者尤其是年轻人对音乐盒了解不多；线上网店想吸引客流并在众多礼品网店中脱颖而出更是困难重重。如何通过线上渠道让目标受众更好地认识音乐盒，以至于看到音乐盒就想到韵升？如何将音乐盒置于各种场景之中，实现“音乐盒＋”，增强消费者的代入感，从而促进消费？

为了吸引更多的消费者，韵升决定将线下门店改造为销售体验一体店，增加场景化设置。2019 年 10 月，韵升完成了线下门店改造。在店内陈设保留原有风格的同时，将其中一个柜台改造为音乐盒工艺展示台，按照工艺顺序把音乐盒机芯拆解成多个零件，并通过次序排列让消费者了解到音乐盒的完整制作流程。韵升通过赋予产品更多文化解读，从整体上提升了消费者的体验感。

此外，为了让消费者拥有独特的音乐盒体验，韵升开始推行定制服务。例如，消费者可以在精美的音乐盒上刻上专属于自己的符号，可以定制自己喜欢的音乐，甚至可以自己谱曲。其目的是让消费者觉得音乐盒不仅是一个礼品，而且是自己的专属记忆。

4. 试水新媒体运营

由于几年来电商运营并未有大的起色，因此韵升认为要想提高音乐盒的销量，除了利用原有销售渠道，还需要利用线上新媒体派生出新运营模式。2018 年，韵升开始组建新媒体运营部，将微信、微博、抖音等新媒体渠道都利用起来，分三个阶段逐步实施新媒体运营：第一个阶段是搭建线上经营所需要的静态素材库；第二个阶段是动态化的，即定期在各类平台上更新产品照片、视频等；第三个阶段是互动化的，即开始做社群，包括搭建会员体系、开展线上直播、开设微信购买小程序等。

与此同时，韵升也尝试与热门影视、综艺节目、游戏等进行 IP 合作，走潮流年轻路线。2019 年 6 月，韵升与北京卫视《遇见天坛》栏目组开展 IP 合作。在这档栏目中，音乐盒作为道具出现。

随着新媒体运营的稳步推进，2019 年年底，线上各大平台都已建有韵升雷曼士音乐盒的官方账号。2020 年年初，因为门店歇业，韵升还借助抖音平台开展了线上直播，打造了属于自己的粉丝社群。2020 年 4 月，韵升正式推出会员系统，以音乐盒的各个系列命名不同等级的会员，以此来吸引消费者。

5. 未来之路

成功企业都有一个共同点，即它们都以消费者为中心，并且非常重视市场营销。这些企业都会：①理解和满足精确定义的目标消费者的需要；②激励企业中的所有员工同心同德；③在为消费者创造价值的基础上与消费者建立持久的联系。如今，面对巨大的技术变革以及来自经济、社会和环境的严峻挑战，消费者花钱更加谨慎，并会经常重新评价自己与品牌的关系。移动数字媒体的发展彻底改变了消费者的购物方式，因此也要求企业采用新的营销战略和策略。在这个快速变化的时代，基于真实和持久的消费者价值建立牢固的消费关系，变得比以往任何时候都更重要。

韵升的音乐盒有近 30 年的积淀，有精湛的制造工艺，有独特的艺术品位和文化传承，但面对市场更替、消费者爱好迁移和网络营销异军突起，韵升要想风云再起，重现辉煌，绝非仅仅生产优质的音乐盒那么简单，还要依靠以消费者为中心的营销战略，不断为消费者创造价值，从而吸引消费者，留住消费者。那么，韵升应如何实现营销战略转型？如何重新细分市场，并界定和吸引目标市场群体？应如何在产品中加入新元素以满足消费者的个性化需求？

案例来源：

改编自宁波大学商学院的彭新敏、张亚越、孙雨薇共同编写的案例《心有猛虎，细嗅蔷薇：雷曼士八音盒的互联网转型》。

【案例问题】

1. 韵升是否应该向互联网营销转型？
2. 如果韵升选择向互联网营销转型，那么最佳的方案是什么？
3. 根据你选择的方案，你认为韵升应该如何做？

案例 5

老字号“王升大”的品牌创新

【知识点】

品牌价值、品牌创新、整合营销、顾客保留

【案例正文】

1. 引言

随着新媒体技术的发展，企业的经营环境和经营模式发生了巨大变化。然而有些老字号品牌未能抓住新媒体技术发展的机遇，仍然奉行“酒香不怕巷子深”的原则，导致企业经营不畅，最终退出了市场竞争。我国很多老字号品牌由于品牌的传播方式未能跟上新媒体时代的潮流而难以继续在市场上有所作为。据统计，中华人民共和国成立初期的万余家老字号在 1993 年仅存 1600 家左右，其中还有 70% 的老字号品牌经营困难。因此，如何在新媒体时代获得市场的青睐成为老字号品牌发展的重中之重。

“王升大”是宁波的一家百年老字号品牌，它创始于 1889 年，最开始是一家米店。“王升大”的创始人是王兴儒，他们家有一个卖米的诀窍。旧时米店量米，先舀起满满一升，再用米尺沿口抹平。而“王升大”的伙计们则会在米尺将刮平时突然停下，多留一角的米奉予顾客，无论谁来买米，都保持着这一原则。当时米的计量单位是“升”，于是就有了老百姓口口相传的“王升大”。

1993 年，王贤定创立了宁波陆宝食品有限公司。2003 年，他在自己的努力以及宁波当地工商部门的帮助下，获得了百年“王升大”这个商标，而“王升大”也成为首批浙江老字号。后来，王贤定为了传承老一辈的精神，开始筹建王升大博物馆。历经 4 年的准备，王升大博物馆正式开幕。在王升大博物馆，人们不但可以看到原始的鼓风机和石磨、石碾等老物件，还能体会到原始的农耕时代的乐趣。

在新媒体的背景之下，老字号“王升大”积极推动传统品牌与新媒体的交互，不断通过新媒体来扩大自身在宁波的影响力。近年来，老字号“王升大”与多家微信自媒体合作，发布王升大博物馆的游玩通知，并且在美团等平台发布了王升大博物馆的基本信息以及位置导引，方便慕名而来的游客能够轻松地找到博物馆的位置。不仅如此，老字号“王升大”还积极与当地的企业合作，联合举办活动，并在微信公众号上发布活动信息，努力让更多的宁波本地人了解“王升大”这个百年老字号品牌。老字号“王升大”通过新媒体传播的方式重新长出新芽，焕发新生，保持企业发展的活力。

2. 老字号“王升大”的困境

（1）产品、服务难以满足市场的新需求

好的品牌需要以优质的产品与服务为基础。对品牌进行创新首先要对产品与服务进行创新。随着生活水平的不断提高，人们对日常生活中使用的产品的要求也不断提高。人们对粮食以及调味品的要求不再仅仅是填饱肚子，他们更在乎这些产品是否健康、优质，能否提高生活水平。老字号品牌虽然占了一个“老”字，但如果品牌所有者没有清晰地认识到上述问题，不对产品与服务进行持续创新，那么品牌就会逐渐与市场脱节，甚至在市场上消失。改革开放以来，社会经济高速发展，产品种类也在日益增多，市场上多样化的品牌为消费者提供了越来越多的选择。此外，老字号品牌还受到了外来品牌的冲击，收入水平不断提升的人们常常更愿意去选择那些从国外进口的粮油产品，而舍弃当地的粮油产品。如何在继承传统手艺的基础上，适应新时代人们的新需求，是老字号“王升大”亟待解决的问题。

（2）市场竞争压力大

老字号“王升大”的产品线大多采用的是普通的粮油加工工艺，由于准入门槛较低，市场竞争十分激烈。“王升大”所处的农副食品加工行业属于第二产业的制造行业，国家统计局数据显示，虽然 2019 年农副食品加工投资率同比下降了 8.7%，但是其新增固定资产投资金额仍在不断上涨。同时，在部分一线城市出现了很多农副食品加工领域的强势企业，它们的技术更先进，营销策划和广告方面的投入资金也比中小企业多。它们依靠这些方式，在市场上逐步占据了统治地位，使得中小企业在市场中的竞争压力越来越大，生存空间越来越小。还有很多外资品牌野心勃勃地想要进场分一杯羹。虽然“王升大”是一个宁波本地的老字号品牌，但是它的产品线具有极强的可替代性，倘若它不能及时进行品牌创新，不能紧跟市场和时代的脚步，那么它就很难在愈演愈烈的市场竞争中继续存活。也就是说，“王升大”要想在激烈的竞争环境中存活下来，就要不断地进行品牌创新，以增强自身的品牌竞争力，提高自身的品牌价值。

（3）亟待提升品牌价值的内在动力

老字号品牌大多因拥有自身的特色而被百姓口口相传，但这也导致很多老字号品牌一味固守传统的方法。随着时代的不断发展，消费者的需求变得越来越多样化，如果老字号品牌长时间不与消费者进行互动，没有向消费者提供新产品，那么它不但不能吸引新的消费者，甚至会使原有的消费者也逐渐丧失兴趣，最终该品牌就会被消费者所淡忘。研究发现，消费者对品牌的期望值是不断上升的，如果品牌的价值没能很好地提升，就会与消费者对品牌价值的期望产生偏离，从而导致品牌老化。“王升大”之前就处于这样一种困境：在宁波，新一代的青年对这个老字号品牌非常陌生，只有上了年纪的老人对其有所了解。老字号品牌单一的产品线早已没有办法满足日益多样化的消费者需求，只有对自身的产品线进行调整，牢牢把握市场的新需求，才能跟上时代的潮流，不被市场所淘汰。在当今的新媒体时代，“酒香不怕巷子深”的传统营销模式已经落伍，口口相传也已经成为老字号品牌传播的掣肘。虽然老字号品牌的背后都蕴含着巨大的无形资产，但是“王升大”之前并未很好地利用这笔巨大的无形资产，没能使之成为企业的核心竞争力。

（4）缺乏营销模式创新

老字号品牌大多通过传统媒介推广自身品牌，虽然仍然有一定的市场，但是在目前新媒体的大背景下，传统媒介宣传已经日趋落寞。因此，老字号品牌就需要利用新媒体来提高企业和品牌的知名度，从而获得更大的市场。总体来看，老字号品牌在市场上占据了先天优势，但是却没有及时利用新的传播手段来丰富自身的营销模式。短视频及公众号宣传，都是“王升大”能够用来进行宣传的手段，倘若不抓住这些现代化的传播手段，就极易被同行抢占市场，从而导致自己的市场份额下降。

3. 新媒体背景下老字号“王升大”的突围：品牌创新

为了能够在快速变化的市场中存活下来，“王升大”不仅极力捕捉市场环境的变化，同时也在寻找自身存在的不足，并且及时改进。另外，该老字号品牌的所有者也在不断地学习与创新，努力使企业保持活力。

（1）品牌价值创新

企业通过品牌价值创新可以提高消费者的感知价值，也可以降低消费者对价格的敏感度。品牌价值主要体现在差异化上，因此增强差异化是提高品牌价值的关键。与其他粮油加工厂相比，“王升大”具有悠久的历史和深厚的文化底蕴。因此，“王升大”利用这一优势，建立了王升大博物馆，用其宣传品牌悠久的文化历史。博物馆配有专人为前来参观的游客提供讲解等全方位的服务。这对于提高消费者的感知价值具有重要意义。

（2）品牌技术创新

品牌技术创新能够使企业生产的产品显著区别于其他企业的产品。老字号的品牌价值在于“老”，但是出路在于“新”，只有“老”“新”结合才能适应经济发展和市场竞争。“王升大”采用新技术研发了稻米胚芽精炼食用油，并将其推向市场，成为宁波第一家生产稻米油的企业。与其他食用油相比，稻米油油烟更少、更健康，是一种高品质的食用油。

（3）商业模式创新

商业模式创新作为一种新的创新形态，其重要性已经不亚于技术创新了。“王升大”创新了一种其他粮油加工厂没有的商业模式：博物馆。“王升大”将原有的消费者群体从普通的个体百货采购者，转变成了家庭、单位等集体，通过将传统的粮油加工厂与博物馆结合，吸引了原本对这一领域产品了解甚少的消费者。虽然“王升大”的盈利方式并没有太大的改变，但是其消费者群体已经发生了变化。目前，“王升大”不仅与宁波海曙区总工会签约，成为海曙区总工会的特约经销商，其博物馆还成了宁波职工疗休养推介基地之一。

（4）企业文化创新

企业文化创新的前提是企业经营管理者观念发生转变。王贤定发现社会上存在浪费粮食的现象，于是决定利用博物馆去感化人心，让人们知道一粥一饭的来之不易。企业的经营理念已从原本的让利于消费者，逐渐转变成了与消费者建立良好的沟通关系。2017 年，王升大博物馆推出"童趣换米"活动，小朋友可以将家里闲置的玩具和书拿来换米，博物馆再将这些玩具和书整理消毒后送给山区的孩子，这极大地提高了"王升大"的声誉。

4. 老字号"王升大"的创新成效

（1）销售量不断提升

通过新媒体的传播，"王升大"的销售量不断提高。"王升大"除了原有的线下渠道，还增设了自己的线上店铺。比如，消费者可以在其微店中直接购买"王升大"的产品。不仅如此，"王升大"还与淘宝、京东进行合作，通过两大电商平台销售自己的产品，使得销售量飞速增长。

（2）品牌影响力提升

自王升大博物馆创立以来，"王升大"的品牌影响力与日俱增。现在王升大博物馆不仅是举行亲子活动的场所，更是宁波职工疗休养推介基地之一。为了让品牌走入人心，王升大博物馆每年都会组织多场社会实践活动，如"自己动手做传统点心"等。在宁波的民间博物馆中，王升大博物馆具有非常高的人气。

（3）企业规模不断提升

数据显示，宁波陆宝食品有限公司（大股东为老字号"王升大"品牌所有者）2019 年的注册资本比 1996 年注册时的认缴金额增加了好几倍，且企业规模也在不断扩张。与此同时，"王升大"还在不断努力扩大其品牌影响力。

【案例问题】

1. 结合案例，分析"王升大"的品牌价值和品牌定位。

2. 在新媒体背景下，"王升大"面临的主要问题是什么？

3.“王升大”的营销创新举措是否有效？这些举措是如何影响消费者的品牌联想和该品牌的形象的？

4.“王升大”在品牌宣传方面有哪些特色？对其他老字号品牌有哪些借鉴意义？

5. 你认为老字号和新媒体这一“老”一“新”应如何恰当地融合？这种融合对其他老字号品牌的发展有哪些启示？

案例 6

这里的黄昏静悄悄：永辉超市的商业模式变革

【知识点】

零售模式、商业模式、营销定位、营销策略

【案例正文】

1. 引言

永辉超市的财务报告显示，2021 年前三季度，永辉超市实现营业收入 698.35 亿元，同比下降 3.9%；归母公司净利润亏损 21.78 亿元，同比下降 207.37%。对于业绩下滑，永辉超市表示，主要是由于内外部均受到了影响：外部主要是受“社区团购低价扩容”和新冠疫情防控的影响；内部主要是受公司“积极进行结构调整、去库存”的影响。

与断崖式跳水的业绩相对应的是腰斩式下跌的股价。永辉超市的市值在 2020 年 4 月达到 1000 亿元的峰值，成为中国第一家市值突破 1000 亿元的连锁超市，然而令人意想不到的是，紧接着永辉超市的股价就开始暴跌，2022 年 9 月，永辉超市总市值仅为 300 多亿元。此外，永辉超市的债务资金状况也出现了较大问题。2021 年前三季度，永辉超市的资产负债率高达 82.18%，远超警戒线。永辉超市发生了什么？为什么它抗衡线上电商十多年，市值甚至一度超过 1000 亿元，却突然一落千丈？

2. 生鲜起步：活累利薄的生意

永辉超市是靠生鲜起家的，因此常被称为“生鲜第一股”。永辉超市创始人张轩松于 1995 年进入零售业，他先在福建省福州市鼓楼区开了一家名叫古乐微利的超市。2000 年 7 月，张轩松开设了福州市第一家专业生鲜超市——永辉屏西超市，该超市是我国首批引入生鲜品类的超市之一。永辉超市自成立之初便确定了以生鲜为主打产品的经营定位，生鲜产品经营面积达到超市总面积的 50%～70%。凭借商超经验、生鲜经营优势，永辉超市在国外商超巨头疯狂涌入国内时杀出了一条血路。

之所以说生鲜零售是活累利薄的生意，原因有以下几点。一是生鲜的损耗率非常高。根茎类蔬菜保鲜期还算长，但是大多数叶类蔬菜上架一两天后就会枯萎；肉类保鲜时间虽稍长，但如果不是最新鲜的，就无人问津。二是生鲜物流成本高。生鲜产品往往需要采用高成本的冷链运输和储存方式。三是供应链管理极其困难。保持不同生鲜产品的新鲜度所需的温度不同，湿度也不同。供应链管理不善不仅会影响企业的成本管理，还会危及企业的品牌声誉。各种因素共同作用，导致生鲜零售利润空间小，标准化难度大。企业即使能形成生鲜产品品牌，考虑到生鲜产品的消费群体对价格的敏感度，也很难获得品牌溢价。尽管如此，在中国，每天买菜做饭是一种根深蒂固的生活习惯，因此生鲜在众多消费品类中仍有着不可替代的优势："刚需 + 高频"。

3. 深耕细作：生鲜供应链

生鲜产品的主要特征有保质期短、非标准化、季节性、地域性，因此其对供应链要求极为严苛。国内生鲜的流通方式主要有城镇农贸市场的传统供应模式和部分通过农超对接的直供模式。生鲜从生产端到消费者手中经过了多级零售商，流通渠道层次多，分销商分布广，流通效率极低；上下游信息不通畅，无法精准满足消费者需求；而且流通环节操作不规范、冷链系统不完善，进一步加大了损耗。

生鲜产品的特性决定了其物流要求高、损耗高，因此对流通中的每个环节都需要精细化的把控。在商超企业中，永辉超市的供应链能力一直广受业内认可。从2014 年开始，永辉超市通过合资和入股的方式，逐渐绑定上游供应商，实现与上游供应商的利益锁定。在采购方面，永辉超市设有生鲜研发中心并拥有 1000 多人的生鲜采购团队，分布在全国 20 余个农产品基地，形成了"全国统采 + 区域直采"体系，强调源头直采，减少中间环节损耗，目前其生鲜直采比例超过 70%，生鲜损耗率仅为 3%。在损耗最严重的下游销售终端，永辉超市于 2015 年内部孵化了食品供应链品牌"彩食鲜"，通过对部分生鲜进行预处理，增加产品附加值，提升配送效率；普通门店做到一日两配，优势区域的门店实现一日三配；配置了定温、常温、冷冻等多类储存仓，以满足不同品类的需求。

从最上游的采购，到中游的运输仓储，再到下游的分类销售，对供应链成本的极限压缩，反映在终端就是能把生鲜卖得比菜市场还便宜，真正做到高品质、高保鲜度、低价格、低损耗。而通过低价扩大用户规模，反过来又降低了上游成本，形成门店稳扎稳打持续扩张的良性循环。如果一切顺利，永辉超市的前途将一片光明。

4. 试水：传统商超布局新零售

自2016年起，永辉超市顺应时代变化，开始探索新零售布局。在线下业务方面，2017年，为对标盒马超市，永辉超市推出超级物种，汇集全球优质商品，试图打造“零售＋餐饮＋App”体验式消费的系列工坊；2018年，为对标谊品生鲜、钱大妈等社区生鲜品牌，永辉超市推出永辉mini，并喊出“家门口的永辉、新鲜的永辉”的口号；2021年，为对标沃尔玛超市、山姆会员商店，永辉超市推出了永辉民生仓储会员，截至2021年6月底，其仓储店已达20家。在线上业务方面，永辉超市开发了永辉生活App，并与第三方合作开展到家业务。

然而，超级物种高开低走，亏损连连。2019年，超级物种迎来了关店潮，使得永辉超市元气大伤。超级物种面临的对手，不仅是盒马超市，还有苏宁苏鲜生、京东七鲜等多个竞争对手。电商巨头不惜进行巨额补贴，使得超级物种最终处于下风。永辉超市的门店分布其实比其他会员制超市广，更适合大众消费。然而超级物种面向的是中高收入消费人群，选址多在写字楼和高端商场附近，它在产品品类、线下体验、门店吸引力方面，与山姆会员商店以及盒马、沃尔玛等超市相比都没有明显优势。2021年4月，超级物种彻底宣布失败。业态类似便利店的永辉mini，一度打出过“家门口的永辉”的口号，但与超级物种一样也经历了高调成立、大幅扩张、关店调整的过程。继2020年下半年关店302家之后，2021年一季度永辉mini关店86家。2021年一季度，永辉mini的门店仅剩70家。

5. 混战社区团购

生鲜超市能在电商冲击下存活下来的最大筹码在于，生鲜是一个很难在线上经营的品类。生鲜高损耗、非标准化经营的属性，供应链的极端复杂性，以及即时配送的高成本，导致生鲜电商占有的市场份额较低。

2020 年年初发生的新冠疫情，导致餐厅、菜市场和农贸市场大面积停业，生鲜超市成了保障居民日常饮食为数不多的选项之一。出于健康安全的考虑，很多消费者选择线上买菜，敏锐的商家因势利导，发展出一种颠覆性的零售业态模式——社区团购。与生鲜电商相比，社区团购概括起来就是：预售、次日达、自提，也正是这三点支撑了社区团购的低价和高效率。

社区团购的经营成本相对较低，这种模式主要是发动小店店主或者社区居民作团长，前端固定资产投入较少（利用原有的菜鸟驿站或者小店，没有额外自建实体店的负担，而且通过自提可以降低物流成本）、损耗低（预售模式下可以有针对性地备货，降低库存压力）、引流支出低（由团长线下招揽消费者）。最重要的是，自提解决了生鲜电商最头疼的即时配送成本高的问题。此外，社区团购主打超低价格，采用预售模式，以销定采，并借助互联网平台精准预测，为消费者提供性价比高的产品，从而吸引了大量精打细算过日子的消费者。

美团、拼多多等互联网巨头集中进入了生鲜社区团购领域。据统计，2021 年兴盛优选已经覆盖 18 个省份近 200 个地级市，而美团优选、多多买菜和橙心优选已覆盖了 300 多个地级市。并且，这些巨头已经开始渗透县级市场了。

永辉超市最早以喜欢低价和新鲜蔬菜的中老年消费群体为主要目标群体，同时以低频、高消费的中高收入消费群体为辅带动超市整体销量。社区团购的大规模入局，直接抢走了永辉超市的消费主体，使永辉超市生鲜产品的吸引力下降，过去建立的坚实经营壁垒受到冲击。永辉超市的消费群体以中老年消费群体为主，而生鲜电商的消费群体则相对年轻，价格敏感度较低。虽然二者的目标消费群体看似重合度不高，但是，社区团购的消费者中还有相当多的一部分人是对价格敏感的中年人，他们就成了永辉超市与生鲜电商的主要争夺目标，这也是永辉超市在面对社区团购竞争时遇到的最大挑战。

6. 反思：路在何方

永辉超市靠着规模优势与十多年来的精细运营，才换来了 1%～3% 的利润率。

然而，面对不惜承担几十亿甚至上百亿元亏损押注社区团购的互联网巨头，永辉超市遇到的远远不是“怎么转型”的问题。

永辉超市业绩下滑始于2020年第三季度，与社区团购崛起的时间点吻合。永辉超市的策略是以生鲜品类带动其他品类的销售，而其生鲜品类在社区店和社区团购的布局下，受到的冲击最大。如何迎接社区团购背后互联网巨头巨额补贴的挑战，是永辉超市未来仍然无法忽视的问题。

零售行业的战场一直在不断调整和蜕变，如今的零售行业，还处在线上线下各种业态相互博弈的阶段。从原来的生鲜巨头到现在面临生鲜巨额亏损，永辉超市从行业的引领者变成落后者。它也曾试图跟上形势，不惜采取激进策略，尝试各种新零售业态，但终究没有看准方向、找对节奏。在零售行业的每一个角落，黄昏总是静悄悄地来临。

案例来源：

1. https：viiew.inews.qq.com/a/20210819A0557100［2022-09-20］.

2. https：baijiahao.baidu.com/s?id=170577930220830674768&wfr=spider&for=pc［2022-09-20］.

3. https：//www.sohu.com/a/459622146_349392［2022-09-20］.

【案例问题】

1. 分析中国最近20年来生鲜产品经营所经历的阶段，以及永辉超市从传统零售门店向新零售业态转变的过程。

2. 分析永辉超市的目标消费群体及其策略。

3. 永辉超市在面对社区团购时应采取哪些应对策略？

案例 7

会耕部落：三寰农业的 O2O 营销之路

【知识点】

营销转型、线上线下整合、营销战略与营销策略

【案例正文】

1. 引言

三寰集团有限公司农业事业部（以下简称三寰农业）成立于 2012 年年初，其前身是大连市唯一国有农垦企业、国家农业发展重点龙头企业——三寰集团有限公司（以下简称三寰集团）下辖的大连奶牛场、大连岭前农场和大连华侨果树农场。三寰农业肩负国有农垦企业的社会重任，从成立之初，便将“打造大连市现代农业生态体系”“让大连市民吃得放心和开心”作为自己的使命而建设了多项安全食品工程，三寰安全蔬菜工程就是其中最重要的一项。

在食品安全事件频发、公众对食品安全问题日益焦虑的大背景下，三寰农业于 2008 年率先提出建设安全蔬菜工程，该工程致力于解决蔬菜种植过程中化肥、农药滥用和土壤污染问题，用更加生态环保的方式高效地生产绿色健康蔬菜，让大连市民吃得安全、吃得放心。在接下来的 4 年里，三寰农业先后共投入 1.2 亿元，积极与专业科研机构、农资供应商、种植经验丰富的农户和权威质量监测检验机构等在蔬菜生长周期控制、种植规范、化肥和农药使用标准及其他注意事项等方面展开深入合作。

2012 年 8 月，三寰农业追加投资 2.8 亿元，全面推进三寰安全蔬菜的产业布局。一方面，注册“蔬菜时间”商标，以品牌化战略促进三寰安全蔬菜快速打开市场。“蔬菜时间”系列安全蔬菜迅速获得市场认可，2012 年下半年销售收入为 680 万元，2013 年销售收入为 2100 万元，2014 年销售收入为 4330 万元。另一方面，形成以“基地建设 + 渠道建设 + 配送供应 + 直销”模式为主的安全蔬菜供销体系和“第三方权威检验机构全程跟踪监测检验”的蔬菜安全保障机制（图 7.1）。

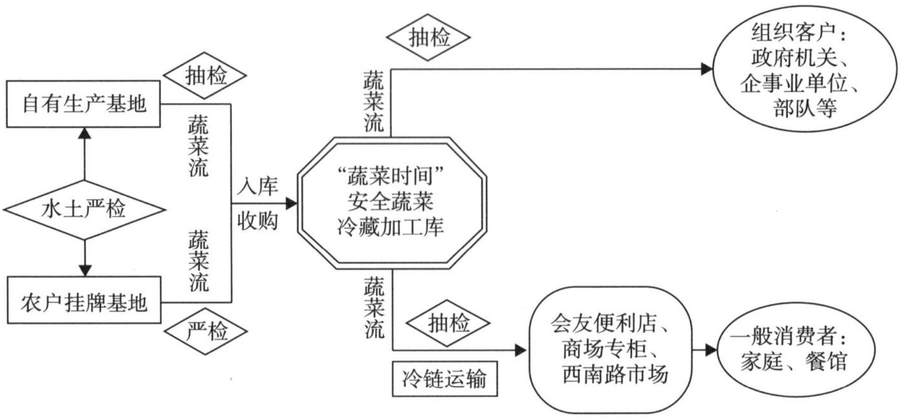

图 7.1　三寰安全蔬菜流通示意图

2. 三寰农业 O2O 营销转型契机

三寰安全蔬菜自 2012 年 8 月正式上市以来，销售收入增长主要靠政府机关和各类企事业单位等大客户支撑。而真正能反映出三寰安全蔬菜市场竞争能力的零售额在销售额中所占比重不到 10%，对销售收入增长的贡献率不到 5%，其零售额在 2015 年更是出现了负增长。更为严峻的是，截至 2015 年一季度末，三寰农业能够发展的大客户已经开发得差不多了，增长空间所剩无几。同时，由于受到一些本地集体所有制绿色农庄和公私合营性质生态种植园的冲击，三寰农业还面临着大客户流失的风险。这意味着，对公销售已经走到尽头，如果不能扭转零售领域的颓势，三寰安全蔬菜在未来几年的销售业绩将不容乐观，前期所积累的成果也将消耗殆尽。

此外，各大电商开始对大连蔬菜生鲜市场进行布局，这对三寰农业造成了巨大的冲击。实际上，早在 2013 年三寰农业就已对电商有所关注，当时其对电商的观点如下所述：囿于保鲜周期、品控、冷链成本、配送半径等多方面因素的制约，生鲜生意一般只能在本地做；大型电商一般只能聚焦于附加值相对较高的海鲜等肉类，或者保鲜周期相对较长、对冷链配送要求较低的米面粮油，很难啃下本地果蔬类生鲜这块“最难啃的骨头”；本地中小型电商则缺乏与成熟稳定的层级分销供应链配套的冷链设施和完善的物流配送体系，其在生鲜领域的成本和损耗也一直居高不下，还无法对实体企业造成真正冲击，而且由于供货源缺乏足够的透明度，质量监督与检测机制不完善，消费者对本地中小型电商的生鲜产品的认可度不高。基于以上观点，三寰农业认为电商不会改变本地蔬菜生鲜市场的格局，也不足以威胁三寰农业。

但随着“互联网+”“O2O（线上线下一体化）”等概念的持续升温，以及资本对生鲜电商的疯狂追捧，三寰农业不得不修正曾经的认知。一方面，大型电商投入巨资布局线下生鲜产业链、完善冷链物流配送体系，不断摸索线上与线下融合的途径和方法，试图打造电商平台生鲜营销的“新模式”，进而实现对城市生鲜市场的全面渗透。另一方面，新兴的垂直型生鲜电商与资本携手，对城市生鲜市场发起了猛攻，生鲜电商渗透到大连只是时间问题。此外，微信、微博等社交平台的迅猛发展，大大降低了生鲜电商的经营门槛，个体电商纷纷涌现，并在大连生鲜市场分到了一杯羹。尽管这些电商仍处于投入阶段，整体上尚无法实现盈利，但其经营模式越来越受消费者，特别是城市中青年群体的欢迎。在这种形势下，三寰农业走到了营销模式转型的十字路口。

3. 三寰农业 O2O 转型试水：会耕部落

2015 年 6—8 月，三寰农业内部针对是否进行 O2O 转型展开了激烈的讨论。管理层一致认为，长远来看 O2O 转型是大势所趋，但是短期内看不到盈利可能性，贸然进入会引发巨大的经营风险，而且当前生鲜 O2O 高度同质化。三寰农业应该充分利用企业丰富的土地资源，在小范围内开展具有核心特色的 O2O 转型试水工作。

经过 3 个月的激烈讨论，三寰农业决策层于 2015 年 8 月底拍板，正式启动 O2O 转型试水项目——会耕部落，并划拨 500 万元和大连近郊英歌石地区 87 亩土地作为项目启动资金与一期种植基地。2015 年 9 月初，会耕部落经营模式顶层设计完成。会耕部落以“让市民自主掌握餐桌的蔬菜安全”为理念，以“耘客制（会员制）+ 宅配”为基本运营思路，致力于为耘客提供从种子到蔬菜、从播种到端上餐桌的“专业农业知识指导 + 全程参与体验 + 全程可追溯”的一站式管家服务。

（1）业务

会耕部落提供五项服务。

一是“专属地块认购”服务。消费者享受会耕部落各项服务的前提是必须在会耕认购专属地块，成为耘客。会耕部落一期一共规划了 22 个大棚共 242 个地块。每个地块为 48 平方米，认购费为 12800 元 / 年，年产安全蔬菜量超过 350 千克，可以满足一家三口一年的蔬菜消费需求。

二是菜园打理和种植指导两大基础服务。在会耕部落，耘客可以与专业技术人员面对面沟通，享受专业的种植技术指导和全天候的菜园托管服务。还可以通过手机 App，随时查询自家菜地的蔬菜长势、施肥情况、收割通知、（新）种植任务、蔬菜配送物流以及相关历史信息。

三是品控、包装和配送。这项服务主要是在三寰农业农服公司和三寰商服事业部下属物流车队的协助下完成的。在品控与包装方面，种植基地产出的蔬菜与“蔬菜时间”的安全蔬菜执行同样的标准。在配送方面，会耕部落委托物流车队全程冷链配送，最大限度地降低蔬菜在运输途中的损耗。

四是蔬菜买卖的增值服务。考虑到不同耘客的蔬菜需求量存在差异，会耕部落特别设置了一个中间交易平台，允许耘客间进行买卖交易，同时解决了不同耘客的“不够吃”或“吃不完”问题。

五是客户意见管理。会耕部落致力于为耘客提供专业、周到的管家式种植服务，这就必须做到随时聆听耘客的意见，并及时做出调整和改进。为此会耕部落特别设置专业的客户服务部并开通耘客意见反馈渠道，随时收集、整理和分析耘客的意见，与耘客保持良好的沟通。

（2）O2O 操作

项目组（战略企划小组）委托专业 IT 公司，设计开发会耕部落专属 App，并将 App 与种植基地摄像网络对接，从而打造线上种植平台。会耕部落将种植基地所提供的基本服务项目与 App 功能模块无缝对接，形成以“实感体验 + 虚拟操作”为中心的 O2O 业务模块架构，会耕部落业务模块与价值实现环路如图 7.2 所示。

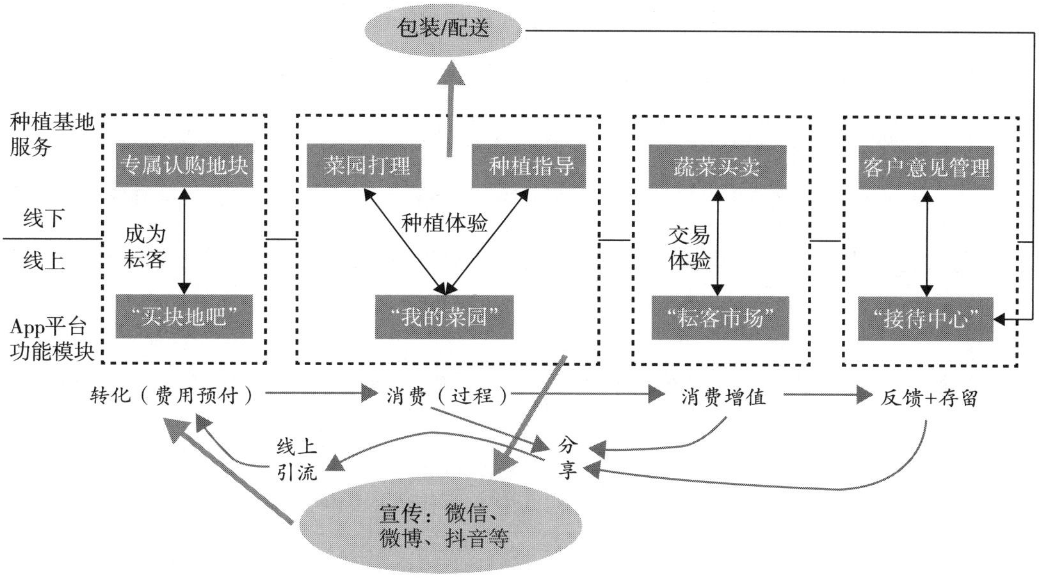

图 7.2　会耕部落业务模块与价值实现环路

（3）利润结构

① 收入。依照"耘客制（会员制）+ 宅配"的基本运营思路，以及项目的业务模块设计规划，会耕部落的收入来源主要有两项。一是耘客年费，即地块认购费，每个地块 12800 元 / 年。这部分收入是会耕部落最主要的收入来源。二是耘客进行交易买卖的服务费，包括配送改运费和交易服务费。每交易 500 克蔬菜，卖方需交 0.5 元交易服务费，买方需交 0.5 元配送改运费。

② 成本。会耕部落的运营成本主要包括人员工资支出，App 与摄像网络维护费用，微信、微博和抖音等社交平台的广告宣传费，支付给农服公司的种子费、农资农具租赁费和蔬菜粗加工包装费，支付给物流车队的冷链配送费，支付给大连质监局的质检费用六大项。

4. 问题浮现

2016 年 1 月，经过近 5 个月的筹备，三寰农业会耕部落项目上线试运营。凭借"只需 12800 元，就可以成为都市农场主，体验耕种的乐趣，收获一年 22 个品种超过 350 千克的安全蔬菜，满足一家三口全年的蔬菜消费需求"的宣传口号，和精心制作的配套宣传短片，会耕部落迅速刷爆了大连上班族的朋友圈，吸引了一大批对生活品质有较高要求的中产家庭和城市白领去种植基地参观咨询。

截至 2016 年 4 月初，项目上线运营一个季度时，种植基地接待人数超过 3000 人次，电话咨询量超过 10000 人次。148 个地块被认购，占一期规划的全部 242 个地块的 61.2%，远超项目组和三寰农业决策层的“40% 认购率”的预期。一时间，会耕部落成了三寰农业的业务新星，大有替代“蔬菜时间”，成为企业新“形象代言人”的架势。

然而，会耕部落的强劲发展势头并没有持续下去，具体问题表现在以下三个方面。

① 增长停滞。一方面，前来咨询的人和咨询电话不断减少。另一方面，新地块认购几乎停滞，2016 年 5—11 月，仅有 33 个新增认购地块，平均每个月不足 5 个，与之前的火爆的销售场面形成鲜明对比。

② 成本居高不下。除了人员工资、支付给协作单位和第三方质检机构的费用等固定成本，App 和基地摄像网络的升级和维护费用持续走高，每月为 20 万元以上，并保持 3% 的增速，使得会耕部落项目一直无法实现盈利，并且亏损情况越来越严重。2016 年会耕部落项目全年累计亏损 380 万元。

③ 客户流失严重。自 2016 年 7 月开始，会耕部落的接待中心不断收到各种抱怨和投诉电话。虽然接待中心组织了多次客户回访活动，但情况不但没有好转，还有不断恶化的趋势。2016 年年底，超过 85% 的老耘客明确表示不再续费，而新耘客转化率不到 2%，创下历史新低。

种种迹象表明，在 2017 年，除非奇迹发生，否则超过 800 万元的巨额亏损已经是必然的了。顶着巨大的压力，会耕部落项目组认真分析问题所在，积极探索解决办法，最后决定从利润结构和客户意见两方面展开调查分析。

（1）利润结构

项目组对会耕部落 2016 年每月的财务报表数据进行了全面对比和分析，发现项目的利润结构严重失衡。

① 收入来源单一且增长空间有限。会耕部落是依照“耘客制（会员制）+ 宅配”

思路开展经营活动的，耘客每年的认购费占项目总收入的98%以上。过度依赖认购费必然导致项目前景堪忧。

② 成本高且增长速度快。会耕部落的成本包括六项，除了人员工资、支付给协作单位和第三方质检机构的费用等固定成本，持续攀升的App与基地摄像网络的升级维护费用是推高总成本的直接元凶。项目组分析发现，App与基地摄像网络的升级维护费用不断走高的原因是用户量超限。大量游客下载App并注册，虽然他们并不认购地块，也不是耘客，但依然可以使用App的“全天候查看”和“历史回溯”功能，远程观看种植基地蔬菜的生产情况以及查询早期种植记录。这导致App长期超负荷运行，会耕部落不得不持续追加维护资金，不断升级App。

（2）客户意见

项目组一边对收到的抱怨和投诉进行了逐条分析，一边分别对新老耘客和潜在耘客做了回访和抽样访问，了解他们对会耕部落的看法。

结果显示，客户对会耕部落的经营理念“全程体验耕种的快乐”的认可度较高，问题主要出在业务模块设置的细节上。新耘客转化率持续走低的直接原因是会耕部落的口碑在老耘客中不断下滑。老耘客的不满主要集中在“断顿儿”“体验单调”，以及“耘客市场 / 交易制度”“地块认购 / 耘客制度”等方面。

此外，潜在耘客——“蔬菜时间”的会员卡充值用户对会耕部落也有很多不满，这是会耕部落项目组之前没有想到的。“蔬菜时间”会员卡充值用户的不满主要集中在“地块认购 / 耘客制度”“耘客独享种植体验”“耘客市场 / 交易制度”等方面。

5. 业务整改

2017年2月，经过集体讨论和科学筹划，三寰农业决策层针对会耕部落项目在2016年经营过程中存在的各种问题，决定实施以下业务整改措施。

（1）“不贪多”

会耕部落2016年的经营状况表明盲目引流无益于收入增长。对此，会耕部落项目组关闭了App的自由注册权限和使用权限，支付认购费用的耘客可以注册和使用

App,“蔬菜时间”会员卡充值用户也可以注册 App 但只能使用部分功能。与此同时，项目组完善了“客户意见管理”服务模块。

（2）“两条腿走路”

三寰农业开启会耕部落项目的初衷是寻求“蔬菜时间”的安全蔬菜零售困境的解决之道，因此，会耕部落和“安全蔬菜”不应该长期处于割裂的状态，而应该是互补和能够对接的。对此，首先，三寰农业决策层让“蔬菜时间”项目组介入会耕部落项目运营，将二者的种植基地合并，从而实现产能互通；其次，放宽会耕部落交易平台的使用限制，允许“蔬菜时间”会员卡充值用户使用会员卡充值金额购买耘客自产蔬菜；最后，给予“蔬菜时间”会员卡充值用户“准耘客”待遇，定期组织他们去种植基地体验耕种和采摘的乐趣，旨在将“准耘客”转化为正式耘客。

（3）“灵活认购”与“放宽交易限制”

一方面，会耕部落项目组修改了“地块认购 / 耘客制度”，将单位地块的认购由 12800 元 / 年的单一认购制调整为“1500 元 / 月 +4200 元 / 季 +7800 元 / 半年 +14400 元 / 年”的多元认购制，会员名称也相应地由原来的“耘客”调整为“耘闪客 / 耘中客 / 耘客 / 酋长”。

另一方面，会耕部落项目组放宽了“耘客市场 / 交易制度”和“耘客独享种植体验”的限制，具体表现为 App 新增“市民大集”“部落狂欢”功能模块，允许“蔬菜时间”会员卡充值用户购买耘客自产蔬菜和享受爆款优惠。

（4）“一纵一横”

O2O 模式的核心在于客户体验。针对耘客集中反映的“基地种植体验单一”“亲子活动缺乏”等问题，三寰农业决策层提出“一纵一横”客户体验创新方案。一是纵向客户体验创新，在原有耕种体验的基础上，新增“耘客家庭竞赛”“亲子课堂”“农趣活动”“农业知识科普”四项体验活动。二是横向客户体验创新，决策层决议追加 1.8 亿元投资，紧邻会耕种植基地修建约 1.6 平方千米的三寰牧场，形成涵盖放牧、垂钓、野外露营、露天烧烤、森林景观等多项主题的都市农业观光景区，为客户提供“农、林、牧、渔”的全方位的农耕体验。

6. 尾声

2017 年 4 月，会耕部落项目组开始进行全面业务整改，会耕部落的基本经营面逐步好转。

从 2017 年全年来看，没有实施整改方案的第一季度亏损 98 万元，占全年亏损总额的 47.8%；第二季度亏损 64 万元，占比为 31.2%，较第一季度下降 34.7%；第三季度亏损 27 万元，占比为 13.2%，较第二季度下降 57.8%；第四季度亏损 16 万元，占比为 8.7%，较第三季度下降 40.7%。可见，落实整改方案的第一年，就获得了立竿见影的成效。

2018 年，会耕部落项目不仅实现了盈亏平衡的基本目标，还实现全年盈利 31 万元，盈利主要来自第二季度盈利的 16.3 万元和第四季度盈利的 12.8 万元，第一、三季度无明显盈利。

2019 年 1 月底，会耕部落种植基地一期的 242 个地块全部被认购，耘客规模突破 600 人大关。

【案例问题】

1. 蔬菜生鲜产品有哪些消费属性？传统蔬菜生鲜产业链有何特征？为什么蔬菜生鲜产品零售适合 O2O 模式？

2. 会耕部落项目是如何实施的，其销售模式与盈利模式有何特征？

3. 会耕部落在试运营的第一年遇到了哪些问题？产生这些问题的根源是什么？

4. 三寰农业实施了哪些整改措施？这些措施能够彻底解决其进行 O2O 营销转型时所遇到的问题吗？

案例 8

小红书网络直播营销模式的成功之路

【知识点】

营销渠道、直复营销的特点、消费者购买决策过程

【案例正文】

1. 引言

在互联网技术不断革新的今天，用户可以利用互联网随时随地发布和更新信息，新型社交媒体越来越受企业关注。一些领先的社交媒体公司积累了相当庞大的用户群体，它们利用大数据分析用户群体的心理，发掘他们的消费潜力，逐渐从单纯的社交 App 演化为具有商机的营销 App。

随着互联网技术的不断完善，网络直播呈现出迅猛增长的态势。网络直播是新兴的具有高互动性的视频娱乐方式，如今已经进入了“随走，随看，随播”的移动视频直播时代，越来越多的人愿意参与其中，通过直播分享自己的生活。在此情境下，出现了将网络直播与营销结合在一起的网络直播营销模式，各种社交 App，如抖音、小红书、微博等，都找到了适合自己的网络直播营销模式。这种模式不同于传统的营销模式，它不但可以最大限度地满足用户的各种需求，还可以使用户对品牌和产品有更加系统、直观的了解，从而增加用户的忠诚度。用户对自己的碎片化时间的利用，也在不断地影响着网络直播营销模式的发展。

小红书创立于 2013 年，它从一个社群逐渐升级为电商，形成了“社区 + 电商”的商业闭环。2019 年，小红书用户突破 2 亿人，其成长速度相当惊人。

2. 小红书网络直播发展历程

自 2013 年开始，小红书网络直播的发展一共经历了三个阶段，具体如下。

（1）起步探索阶段

2013 年 6 月至 2014 年 11 月。在这个阶段，小红书网络直播并没有一个成形的模式。小红书更关注用户对旅行和购物的分享，推出了海外购物分享社区。由于这

些分享积累了庞大的用户群体并树立了良好的口碑，小红书的知名度逐渐提高，这为小红书之后的营销转型打下了良好的基础。

（2）过渡成型阶段

2014 年 12 月至 2017 年 4 月。在这个阶段，“福利社”电商平台正式在小红书上线，小红书也因此从社群升级成了电商，完成了商业闭环。小红书还发布全球大赏，与很多国外品牌进行合作，成为出境购物的风向标。同时，为了促进销售，小红书也开启了网络直播的营销模式，推出网络直播带货模块，一些网红陆续开始在小红书上进行带货直播。

（3）高速发展阶段

2017 年 5 月至今。在这个阶段，小红书已经发展出了一个适合自己的网络直播营销模式。为了保障物流和售后反应速度，小红书正式上线了国际物流系统，用户可以在上面查到自己购买的商品的准确位置，物流信息十分完整。这一举措吸引了更多的用户。2017 年 6 月，小红书第三个周年庆仅用 2 小时就突破了 1 亿元的销售额。之后，小红书又推出了好物推荐和互动直播等多个平台，还发布了主播荣誉榜，选出最受欢迎的十位“新人”和十位“红人”，以此来鼓励主播更好地进行网络直播。

3. 小红书网络直播营销模式形成的动因分析

（1）外在动因

① 互联网技术的发展。随着移动互联网技术的不断完善，移动网络的速度不断提升，观看视频变得越来越方便。新型社交媒体利用大数据，分析用户群体的心理，使自己从单纯的社交 App 演变成具有商机的营销 App。在互联网技术高速发展的背景下，网络平台的商业价值不断提高，摸索出一条适合自己的路对小红书来说势在必行。

② 全民网络时代的到来。从 2016 年起，我国进入了全民网络时代，网络直播平台的用户数量呈现出迅猛增长的态势。越来越多的平台试图抓住这一良机来发展自己，网络直播慢慢发展成一种重要的营销模式。小红书就是在这样的一个时代背景下抓住机会快速发展的。

（2）内在动因

① 发展遇到瓶颈。最初，小红书 App 只是一个简单的社交软件，但随着互联网技术的不断革新，其原有的功能已经没有办法满足用户的需求了，小红书的发展因此遇到了瓶颈。想要获取更多的利润，吸引更多的用户，小红书必须提高网络直播意识，抓住网络直播这一个契机。

② 需考虑长远发展。要想增加用户黏性，平台必须有属于自己的特殊的营销模式。因此，小红书必须针对用户的不同需求打造不同的个性化直播模式，为用户提供个性化的产品和服务，以此来突显自己与其他平台的不同，探索出适合自己的网络直播营销模式。

4. 小红书网络直播的运行要素

（1）建立网络直播的基础条件

网络直播的基础条件就是品牌、直播设备和主播。小红书为主播及其粉丝提供了一个很好的交流购买平台，它通过不断拉近二者之间距离的方式来增加粉丝的黏性与忠诚度。

（2）网络直播的场景设置

① 门店场景。这种场景设置适合服装销售。由于很多主播有自己专门的实体店，装修设计也很有特色，因此利用门店直播可以增强消费者的视觉效果。这样他们不仅可以直接向消费者展示自己家的实体店，还能增加消费者对店铺的信任度，同时可以吸引一些同城的消费者来线下实体店消费，从而增加实体店的客流量。

② 直播间场景。这是小红书平台的主播最常用的一种直播场景，适合用于销售化妆品的直播。在这种直播模式下，主播可以根据每次直播的主题内容来打造适合这个主题的直播间，这种场景会更有直播带货的氛围，让消费者更加有代入感。由于成本相对较高，因此该模式更适合一些知名品牌或者人气较高的主播。

③ 原产地场景。这种直播模式比较适用于一些生鲜产品的销售。使用原产地场景直播可以让消费者直面原产地，从而相信自己所购买的产品的品质和来源都是有保障的。

（3）网络直播中的带货模式

① 砍价式带货模式。砍价式带货模式最重要的就是主播和产品商家打配合，当需要很好的直播氛围时可以采用这种模式。在这种模式下，主播可以向消费者讲述产品的特征、功能及优缺点，并在征询消费者的意愿后，在直播现场与产品商家进行砍价，最后以一个双方都满意的价格完成交易。由于多数消费者都愿意观看主播与商家唇枪舌剑，因此这种模式能更好地活跃气氛。

② 网红效应式带货模式。这种带货模式是小红书最主要的一种直播模式。商家想要提高影响力，尤其需要引流的时候，这种模式是最好的选择。因为相对于普通个体，网红有很强的流量变现能力。这种模式要求网红非常了解其推广的产品，还需要他们分享自己的使用感受。

③ 秒杀式带货模式。这种带货模式是小红书主播最常用的模式之一，适合用于比较注重产品销售量的一些直播场景。秒杀的方式可以给消费者带来一种紧张感，从而刺激消费行为，进而减少产品的库存量。

5. 网络直播营销模式给小红书带来的好处

（1）增加小红书的估值

早在 2015 年，小红书就开始通过网络直播的营销模式不断地获取粉丝。当时小红书还请了很多名人在小红书上直播推广商品，使得小红书的用户数量急速上升。如今，小红书的估值已大幅提升。

（2）提高小红书的知名度

随着小红书的不断发展，越来越多的网红和名人入驻小红书并进行直播带货，这也使得小红书的知名度大大提高，用户数量不断增长。截至 2019 年 7 月底，小红书 App 的用户数量超过了 3 亿；2019 年 10 月，小红书 App 的月活跃用户数量超过 1 亿。

（3）扩大小红书的市场规模

近年来，网络直播的营销模式帮助小红书不断开拓市场，使其产品从单一化转向多元化。小红书在坚持网络直播营销模式的同时始终保持着盈利。2019 年 6 月，小红书入选福布斯发布的“2019中国最具创新力企业榜”；2020年8月，胡润研究院发布“2020胡润全球独角兽榜”，小红书位居第58。

【案例问题】

1. 小红书的网络直播营销模式与其他平台的直播模式有哪些区别？

2. 小红书是如何从一个社交平台转变成营销平台的？其成功的关键是什么？

3. 请分析小红书平台的网红有哪些特点，企业应如何有效地利用平台中的网红资源？

4. 在小红书的网络直播模式中，消费者的购买决策过程有哪些特点？与传统模式有什么差异？

5. 小红书网络直播有哪些带货模式？各带货模式之间有哪些差异？企业应如何选择带货模式？

6. 小红书网络直播的带货模式会如何影响消费者的福利？

案例9

A 图书连锁企业的渠道变革与创新

【知识点】

渠道决策、全渠道营销、产品授权

【案例正文】

1. 引言

2018 年的春天，A 图书连锁企业的管理团队聚在会议室，满意地看着最近两年的经营数据。与众多国际品牌的深入合作，使其门店所经营的商品品质大幅提升，商品毛利润增加了约 30%。得到包括迪士尼、小马宝莉、变形金刚、小猪佩奇、超级飞侠等一大批国内小朋友所喜爱的一线品牌授权后，A 图书连锁企业产品开发部门与一批拥有全球供应链资源的工厂合作，共同开发针对中国儿童及青少年市场的图书及益智文创衍生产品，经过两年的努力，其 IP 产品的年销售额超过 1 亿元。

2. A 图书连锁企业的前世今生

A 图书连锁企业是以超市、百货等商业业态为依托的大型连锁零售企业，主要经营图书和文创产品。与其合作的商业企业包括沃尔玛、家乐福、大润发、永辉、华润万家、物美等国内外知名零售企业，门店总计 900 多家，分华北、华中、华南、华东、西南五个大区，共有员工近千人，是国内最大的超市图书零售商。

（1）A 图书连锁企业与新华书店的渊源

A 图书连锁企业的前身是某省新华书店。改革开放以后，作为专业图书发行公司，新华书店在系统内实行了“一主三多一少”（以新华书店为主体，组成多种经济成分、多条流通渠道、多种购销形式、少流转环节的图书发行网络）和“三放一联”（放权承包，搞活国营书店；放开批发渠道，搞活图书市场；放开购销形式和发行折扣，搞活购销机制；推行横向经济联合，发展各种出版发行企业群体和企业集团）的图书发行体制改革，新华书店成为我国图书发行的主渠道。

（2）A 图书连锁企业的诞生与发展

1999 年，四川、江苏、广东的三家省级新华书店成为全国首批进行体制改革的重点发行集团试点单位。转企改制对新华书店乃至整个出版业来说都是里程碑式的事件。经历了授权经营、转企改制、主业上市，从分散经营走向连锁经营，从产品批发走向品牌营销，传统新华书店脱胎换骨成为现代文化产业集团。

随着品牌营销的推进，某省近两百家新华书店逐步走上统一连锁经营的专业化管理之路。由于这些新华书店处于不同组织的管理之下，因此在行政体制、信息管理、财务制度等多个方面存在管理难题。统一管理、统一采购、统一配送、统一营销是企业实现连锁经营的前提条件。要解决新华书店在实施现代化信息管理、物流管理和统一连锁经营管理方式上存在的人才障碍和技术障碍，就必须对现有的企业体制和内部的用人、分配机制进行深层次的改革。A 图书连锁企业通过建立现代企业制度，以大型的跨地区的出版物物流配送为基础，以互联网信息系统为平台，以各销售网点为服务终端，终于在 2005 年形成覆盖全省新华书店的商业营销网络和配送体系，同时按照上市公司标准，发起设立了 A 图书连锁股份有限公司。2016 年，A 图书连锁企业率先走出本省，进军西安图书市场，这是其省外拓展的第一步，之后其又在重庆开设了门店。

（3）A 图书连锁企业遇到的困难

虽然 A 图书连锁企业的门店发展迅速，但是它依然面临来自教材销售方面的巨大挑战。首先，教材销售由专营改为招投标，新的竞争对手不断涌入。其次，国家对中小学实施免费教材政策，依据免费教材的结算标准，新华书店教材发行利润将非常有限。再次，教育部推行教材多样化，使得教材版本选择难度加大，进一步加剧了教材发行的困难。最后，中小学生减负政策无异于是对新华书店发行教辅的禁令。

除了教材销售方面的挑战，A 图书连锁企业还面临以下挑战。

① 外资企业涌入图书市场。2004 年，外资企业进入书报刊领域的限制基本取消，外资企业不仅可以从事书报刊的零售业务和批发业务，还可以从事佣金代理服务和特

许经营。贝塔斯曼、亚马逊等多家外资企业在北京、福建等地建立了合资的图书零售企业。

② 图书销售数量呈下降趋势。从 1998 年起，中国图书年销售数量呈下降趋势，2004 年已下降到 67.06 亿册（表 9.1）；年度图书销售额虽然一直保持正增长，但是增长速度自 2002 年起远远低于 GDP 的增长速度。

表 9.1　1996—2004 年中国 GDP 与图书销售情况

年份	GDP/ 亿元	GDP 增长率	图书销售数量 / 亿册	销售数量增长率	图书销售额 / 亿元	销售额增长率
1996	71177	10.0%	72.61	—	266.62	—
1997	78973	9.3%	74.71	2.89%	313.17	17.46%
1998	84402	7.8%	77.04	3.12%	347.61	11.00%
1999	89677	7.6%	73.29	–4.87%	355.03	2.13%
2000	99215	8.4%	70.24	–4.16%	376.87	6.15%
2001	109655	8.3%	69.25	–1.41%	408.49	8.39%
2002	120333	9.1%	70.27	1.47%	434.93	6.47%
2003	135823	10.0%	67.96	–3.29%	461.64	6.14%
2004	159878	10.1%	67.06	–1.32%	487.08	5.51%

资料来源：国家统计局、国家新闻出版署。

③ 互联网信息技术带来的挑战加剧。随着计算机、互联网、通信技术的飞速发展，文化产业也发生了深刻的变革，出现了一些新的出版、发行方式，以及新的文化载体和新的经营业态，如电子出版、网络书店、按需印刷、手机小说等。

3. A 图书连锁企业第一次转型

（1）建立中盘批销网络

基于上述市场问题，A 图书连锁企业对集团的发展进行了深入的市场分析和长远的战略规划。

第一，全力发展电子商务，即建立网络书店，建立图书批销和发行网络，这一举措在国内的新华书店中尚属第一例。在 A 图书连锁企业建立网络书店时，国内仅有当当网和卓越两家知名的网络书店。一些大型国有出版机构由于担心网络书店会扰乱市场价格，以及渠道策略难以控制，因此不愿意将图书销往网络书店。由此 A 图书连锁企业获取先发优势，并较长时间居于淘宝网图书销售排行榜的首位。

第二，建立全国图书中盘批销网络（图书批发）。当时图书中盘公司有四类：新华书店省级发货店、出版社自办的分销公司、民营批销公司和外资分销公司。市场上的中盘公司普遍呈现出规模小、分布散、力量弱、产业集中度低等特点。当时具有商务流通、商品流通、信息流通、资金流通能力的图书中盘公司还没有出现，因此 A 图书连锁企业倾全力于 2007 年建立中盘事业部，并一举在全国设立了近 30 家分公司，成为图书中盘服务商。

第三，进一步从图书产业链的中下游向上游探索，尝试建立图书编辑公司，并与外部的出版机构华夏出版社合作出版图书。考虑到企业的扩张需求，A 图书连锁企业于 2010 年 6 月与某出版集团签订协议，投入 12.55 亿元与该出版集团 15 家全资子公司进行资源整合，这也是中国出版发行业首次以股权整合方式完成的出版发行资源整合。与此同时，A 图书连锁企业更名为“A 出版传媒股份有限公司”，成为全国主要的文化传媒集团之一。以发行为主业的 A 图书连锁企业以较低的成本大规模介入上游出版领域，为征订、中盘、零售等业务提供更有力的产品支持。出版发行的垂直一体化经营模式，有助于 A 图书连锁企业在产业链上游获得更高的利润。

（2）A 图书连锁企业中盘业务遭遇行业变革

A 图书连锁企业在经历了上述的大规模调整和发展后，企业内部发生了一系列的机构调整，图书中盘业务迟迟没有大规模展开。2009 年，A 图书连锁企业中盘业务大规模启动，这一时期正是中国图书发行渠道发生重大变革的时期，具体变革表现在以下几方面。

① 网络书店冲击实体书店。据统计，2007—2009 年，中国实体书店减少了 10000 家。仅成都在 2010 年就倒闭了 129 家实体书店。大部分实体书店经营者认为网络书店的恶性竞争给实体书店的经营带来巨大冲击。以当当网为首的网络书店由于受到来自京东、苏宁易购的多方夹击，纷纷以其经营的图书品类为促销热点，不断以半价销售甩卖，以增加网站的流量和点击率。而实体书店却受制于高成本运营，

无法与网络书店抗衡，因此一大批知名实体书店相继关闭。

② 阅读方式发生变化。随着互联网的进一步发展，电子阅读成为中青年读者的重要阅读方式之一。传统的社科、文学艺术、科技类图书销量都呈现出一定程度的下降。人们对期刊和报纸的消费需求也呈现出大幅下降趋势，期刊和报纸市场快速萎缩，一批期刊企业和报刊亭倒闭，从而导致期刊和报纸发行公司被迫转型或关闭。

③ 图书在销售终端的竞争加剧。在这一时期，中国整体的图书销售规模呈现上升趋势，全国每年出版图书 40 万种左右，其中一半左右是首次印刷出版的新书。一家面积为 6000 平方米的专业书店能够存放的图书总量约为 10 万种，这就意味着这家大型书店如果要把当年上市的新书全部上架销售，就必须撤下货架上原有的全部图书，这当然是不可能的。这说明由于上市的新书种类众多，每种新书在终端书架上的陈列时间非常有限。

传统书店的经营模式是代销，即书店根据图书在终端的销售情况予以结算，并不承担库存的压力，所以书店对选品和上架促销方面的关注度不高。有些图书发货到门店，过半年再退回经销商时连送货的包件都没有打开。这意味着，对 A 图书连锁企业来说，其中盘业务存在巨大的存货风险，因此寻找尾货的销售渠道成了重点。

4. A 图书连锁企业第二次转型

2010 年年末，A 图书连锁企业在考察了国外图书发行行业和国内图书销售情况后，发现了一个重要的销售渠道，那就是商场里的超市（以下简称商超）。商超因分布广、商品价格低而成为城市消费者日常购物的首选。从图书整体销售情况来看，传统的零售书店渠道正受到来自电商的巨大冲击，但机场、商超等新兴图书零售渠道的销售量却呈现小幅上升的态势。根据在国外的调研情况来看，商超书店正在成为继实体书店、网络书店之后的第三大图书流通战场。

2011 年，A 图书连锁企业开始涉足商超书店领域，建立了国内最大的商超书店连锁网络，并获得了国家新闻出版署的重视，作为发行连锁便民文化工程实施单位在全国重点推广。

A 图书连锁企业与商超的合作方式基本上是联营，即商超提供面积为 100～200

平方米的营业区域，A 图书连锁企业在这个区域内经营图书，所经营的图书由 A 图书连锁企业负责选品，A 图书连锁企业的促销人员负责维护图书陈列和日常运营，商超只下达这个区域的销售目标，A 图书连锁企业每月完成商超的销售目标即可。这种店中店的方式意味着 A 图书连锁企业从原来的图书供应商变成了图书零售商，商超的客流量解决了传统书店客流量不足的问题。自此，A 图书连锁企业走上了一条快速发展的道路，具体表现在以下几个方面。

① 商超在这一时期的发展速度极快，每年都有大量的门店开业。A 图书连锁企业也随着商超走向了全国市场，从北到南、从东到西，A 图书连锁企业的门店遍布全国大部分区域，门店数量最多的时候超过了 1200 家。当时在国内大部分主流商超都能看到 A 图书连锁企业的身影。

② 随着门店的快速扩张，A 图书连锁企业的销售额也大幅增长，其销售额、周转率、退货率等指标都远远好于实体书店的平均水平。2012 年，A 图书连锁企业与大润发合作的联营门店月销售额为 10 万元以上，位于华东地区的门店甚至能够达到几十万元，这个销售业绩超过很多二线城市的新华书店。

③ 由于门店的经营面积有限，A 图书连锁企业经营的品种数量不多，主力品种只有几百种，还有一部分季节性图书。庞大的客流量带来的销售额集中在有限的品种上，所以单品流转速度非常快。很多出版发行企业都非常重视 A 图书连锁企业这个业务板块。A 图书连锁企业由此成为多家出版社的核心经销商、战略经销商，其地位一度与当当网齐平。

然而好景不长，商超也面临了与实体书店相似的经营困境。电子商务的战火烧到了百货领域，在以京东、淘宝、唯品会等为代表的电商平台的大力进攻之下，各地商超门店客流量大幅下滑，销售额大幅下降，商超只好不断抬高门店的经营门槛，提高卖场的经营费用，延长货款的结算周期。A 图书连锁企业面临着寒冬。

5. A 图书连锁企业第三次转型

店中店形式的书店的突围不仅要在门店选址上进行创新，其内部运营效率的提升也是关键。此时的 A 图书连锁企业已经不甘于只作为零售商来销售图书，因为商超的合作条款更加苛刻了，有些零售门店的综合费用已超过销售收入的45%，如果扣掉商品成本以及人工和物流费用，商超图书业务的利润已经微乎其微了。A图书连锁企业的第一个动作是减少让利，只有这样才能保证一定的利润。因为图书不能高于定价销售，所以对A图书连锁企业来说就只能降低进货成本了。

当时商超的畅销图书品类已经发生了重大变化，原先销售最好的品种是中老年人喜爱的养生保健书和菜谱，年轻人喜爱的励志文学，小朋友喜爱的儿童图书，如今养生保健书和菜谱、励志文学市场因互联网下的新型阅读模式而快速萎缩，只剩下了儿童图书市场。随着城市新生儿数量的减少，城市家庭越来越重视孩子的教育。他们更愿意给孩子购买高品质的图书。

无印良品等企业的模式给A图书连锁企业带来了很多启示，如“我们卖的不只是书，更多时候卖的是文化创意”。怎样才能给儿童提供更多的文化体验呢？随着迪士尼乐园落户上海，迪士尼在中国掀起了一股热潮。“既然迪士尼产品这么火爆，我们是否可以自己生产迪士尼产品呢？”

6. IP产品的探索创新

A图书连锁企业的管理团队在经过了多轮的市场调研和研讨后发现，商超书店要想区别于其他线下书店和网络书店，关键要从商品本身进行区隔。

如何进行商品区隔呢？

当时国内的迪士尼系列图书主要由两家公司经营，中文读物由童趣出版社经营，而英文读物由外语教学与研究出版社经营，这两家出版社牢牢把控着迪士尼系列图书在中国市场的出版和销售。

既然图书领域不好介入，那么还能从哪个领域介入呢？那就先从非图书领域入手。品牌授权的关键在于IP。IP的授权通常是指一项知识产权的所有者授予其他人使用该知识产权的权利，以换取对方履行某种形式的承诺或者支付某种费用。

授权业务在中国的发展始于20世纪90年代，迪士尼是中国授权市场的开拓者。国际授权业协会的统计数据显示，2016年美国授权产品的销售额为1445亿美元，英国为136亿美元，日本为124亿美元，德国为105亿美元，中国位列第五只有85

亿美元，中国授权产品的销售额占 GDP 的比重远远低于世界平均水平。由此可见，IP 产品的开发在中国有非常广阔的市场。

2014 年，A 图书连锁企业与美国孩之宝公司签订了《变形金刚 4（绝迹重生）》电影及其动画片的相关文具授权开发协议，并与合作密切的印刷厂合作开发了第一批产品。虽然产品设计还有不足，并只能在自己的商超渠道进行销售，但正是这一次大胆的尝试，打开了 A 图书连锁企业 IP 产品制作研发的大门。

2015 年，A 图书连锁企业获得了美国孩之宝公司的小马宝莉形象的授权，并对这一形象进行了全面的产品开发。A 图书连锁企业发现小马宝莉的低幼手工益智产品销售量非常惊人，甚至高出变形金刚很多倍。例如，小马宝莉涂色油画框系列产品仅 6 个月就销售了 30 万个，销售额达数百万元。

2015 年，迪士尼与 3 家中国本土公司合作。其中，中信出版社出版迪士尼电影的同名图书，国开童媒获得了一部分动漫图书的销售权，A 图书连锁企业联合四川少儿出版社拿下了一部分绘本的开发和销售权。更为关键的是，A 图书连锁企业同时获得了在自己的商超渠道销售迪士尼所有类型图书的权益。虽然这个权益只能用于 A 图书连锁企业内部销售渠道，但这是迪士尼首次打破按照品类进行授权的经营模式，改为按照渠道划分市场。A 图书连锁企业的销售渠道终于获得了 IP 授权端的认可。

A 图书连锁企业的产品开发部门还与一批拥有全球供应链资源的工厂合作，共同开发受中国小朋友欢迎的图书及益智文创衍生产品。

通过 IP 产品的生产制作，A 图书连锁企业终于从一个传统的整合供应链的零售商，变成了一个拥有国际一线 IP 开发能力的文化创意公司，从被动接受产品转型为主动研发产品。在 IP 的排他性条款保护下，A 图书连锁企业成为渠道市场的独角兽企业，获得了更多的市场机会。

A 图书连锁企业在渠道不断变迁、消费者行为发生深刻变化、市场竞争不断加剧的环境下，不断自我造血，通过开展图书中盘业务、搭建商超图书渠道、打造 IP 授权产品等调整营销战略。然而，过去不代表未来，A 图书连锁企业仍面临着 IP 授权条款的变化、消费者兴趣的变化、产品售卖方式的变化，其未来之路值得期待！

【案例问题】

1. 请描述 20 世纪 80 年代至今中国图书发行渠道的终端发生了哪些变化。

2. 图书为什么会成为大多数电商首先涉足的经营品类，还有哪些品类与图书具有相似的属性？

3. IP 产品授权是在国际上流行的一种商业模式，这种模式给 A 图书连锁企业带来了哪些变化？

案例 10

A 公司 O 品牌手机的广告营销策略

【知识点】

广告的特点、广告定位、广告设计和媒体选择

【案例正文】

1. 引言

A 公司是一家专注于智能终端产品、软件和互联网服务的科技公司，O 品牌手机是其旗下产品。A 公司的业务遍布 40 多个国家和地区，拥有超过 40 万个销售网点。A 公司在全球共有 6 个研究所和 4 个研发中心，拥有 4 万多名员工。A 公司强调“本分”的核心价值观，“本分”包括五个层面：第一层，“隔离外在的压力和诱惑，保持平常心态，回归事物的本源，把握住合理方向”；第二层，“敢于质疑，敢于挑战，通过批判性思考，抓住事物的本质”；第三层，“要求自己而不是要求别人，当出现问题时，首先求责于己”；第四层，“本分规范了与人合作的态度——不占人便宜”；第五层，“本分高于诚信，即使没有承诺，本来应该做的事情也要做到”。

A 公司一直专注于手机拍照技术的创新，开创了手机自拍美颜时代，全球有超过 2 亿人使用 O 品牌手机。2019 年，O 品牌入选 2019 中国品牌强国盛典榜样 100 品牌；2020 年，O 品牌获得 2020 长青奖——可持续发展创新奖；2020 年，胡润研究院发布“2019 胡润中国 500 强民营企业”，A 公司以 1300 亿元的市值位列第 45。

中国是世界上最重要、最庞大的手机市场，蕴含巨大发展潜力和市场空间。A 公司作为一家全球性的公司，其产品遍布美国、欧洲、日本、韩国、东南亚等国家和地区。为了更好地将 O 品牌手机推广至海外市场，构建覆盖全球的产品销售网络，A 公司不仅在产品研发和创新上投入了大量的人力、物力资源，还在品牌打造和广告植入方面投入了大量的资金。A 公司通过技术战和广告战，终于将 O 品牌打造成国内一线电子产品品牌，赢得了广大消费者的喜爱。

2. 目标产品定位精准

改革开放以来，我国经济飞速发展，人民的生活水平日益提高，对电子产品的需求和依赖程度日益增加。据统计，近年来全国移动电话用户数量持续增长，已超过 18 亿户。在经济飞速发展的背景下，手机的受众范围大幅扩大，市场具有巨大的发展潜力。因此，精准定位目标市场、突出产品的特色和优势显得尤为重要。在卖方市场逐渐向买方市场过渡的情境下，O 品牌手机能够畅销与其对目标市场的划分和品牌的定位有着直接的关系，这也为其后期的广告宣传打下了坚实的基础。比如，2008 年 8 月上市的 O 品牌音乐系列手机，通过独立的音效芯片配置，优雅时尚的外观和大面积的广告宣传，在短时间内迅速得到了消费者的认可。此后，O 品牌相继推出了 Real 系列和 Ulike 系列手机。这两个系列有着共同的目标受众，即年轻女性。虽然是同类商品，但二者之间依然存在差异。Ulike 系列手机的价格相对较高，在外观设计上也偏向于稳重成熟。Real 系列手机定位的受众是喜欢鲜艳明亮颜色的女性；而 Ulike 系列手机定位的是喜欢成熟设计的女性。

3. 广告投放模式新颖

随着通信技术、互联网技术的发展，O 品牌紧跟时代的步伐，不断对智能手机进行研发和创新，并将目标受众指向了年轻男性。总体而言，O 品牌手机的广告推广特点是利用广泛的信息传播途径，通过多元化的渠道，在激烈的市场竞争中迅速让观众看到、记住。

通过大量铺放高品质的广告，O 品牌手机将品牌形象植入人心。在激烈的市场竞争背景下，O 品牌在广告宣传上投入巨大。其广告主要投放在浙江卫视、湖南卫视、央视等的黄金时段。虽然广告成本高，但由于这几家电视台在黄金时段拥有大量且稳定的收视群体，因此产生的宣传效果非常好。O 品牌选择这几家电视台，还有一个原因是这几家电视台在观众心中具有较高的品牌地位，有利于提高 O 品牌的品牌影响力。在宣传过程中，O 品牌不断地对广告进行更新，以保持宣传活力。为了达到更好的效果，O 品牌还采用线上线下互动的全方位、立体式广告宣传其手机，营造强大的舆论声势。

O 品牌手机冠名了大量国内较热门的综艺节目，在这些综艺节目中可以看到 O 品牌手机作为道具和奖励出现。热门的综艺节目与 O 品牌手机不断追求“美”的营销理念、品牌定位和目标受众相契合。在以年轻人为核心收视群体的综艺节目中大量冠名，可以形成强大的传播力，为 O 品牌手机的品牌形象定位打下坚实的市场基础。

4. 广告制作精美

O 品牌手机广告的制作和拍摄注重对意境的渲染。O 品牌手机的广告片质量可以与电影相媲美。广告的广泛传播固然能打造品牌的影响力，但广告片的质量才是促使这一影响力不断提高的根源。因此，O 品牌在拍摄和制作广告片时对质量层层把关。同时由于 O 品牌手机的主要受众群体是年轻人，所以 O 品牌手机广告在拍摄过程中会更注重对意境的把握，将唯美的画面、优雅的音乐以轻柔的方式传递给观众，巧妙地引起观众的共鸣。

2017 年，O 品牌手机的一支名叫《小人国奇幻之旅》的新年广告在上线 1 小时后就转发量过万。这支广告无论是脚本、镜头设计还是后期制作都在强调“意境”，给观众带来了梦幻大片的既视感。O 品牌手机在国内迅速被消费者认同，还在于其充电 5 分钟就可通话 2 小时的闪充特点。因此这一次 O 品牌继续突出手机的闪充特点，并延伸出了“这一刻，更清晰”的高清拍照功能。在《小人国奇幻之旅》广告中也可以发现，O 品牌手机的美拍效果贯穿整部广告。而正片中的文案“你的那张新年照，又在等谁”与广告语“这一刻，更清晰”相呼应。该广告以爱情为主线，将意境美推向高潮，同时也完美地体现出 O 品牌手机功能的提升。

5. 广告代言人

代言人的选择对商品的宣传来说至关重要。无论选择谁作为品牌的代言人，都应注意代言人的个性应符合品牌个性，只有这样才能达到利用名人效应提升品牌影响力，提高消费者对品牌的认知度，使消费者形成品牌印象、品牌联想的目的。由于 O 品牌的手机在中国市场上主要面向 18～40 岁的消费者，因此它坚持走青春化道路，选择的广告代言人具有以下特点：第一，阳光、追求个性，符合产品个性；

第二，符合产品定位；第三，很少有负面报道。另外，O 品牌通过请国外明星代言手机，加速了其国际化的道路。

【案例问题】

1. O 品牌手机成功的广告营销策略给你带来了哪些启示？
2. O 品牌手机的广告目标、广告媒体是如何选择的？
3. 请尝试针对 O 品牌手机设计一个广告营销方案。

案例 11

M 企业“九命牌”猫食食品公共关系营销策略

【知识点】

公共关系的特点和优势、公共关系的策略、公关策划

【案例正文】

1. 引言

M 企业主要生产猫食，在做公共关系策划之前，M 企业的促销策略主要以广告、促销、人员推销等手段为主。M 企业的销量一直不景气，其所生产的猫食在猫食市场的占有率仅为 6.4%。M 企业针对市场环境进行了大量的调研和分析。最终 M 企业做出重大调整，将公共关系策划作为主要促销手段，并与 L 公共关系公司签订协议：在两年内，将目标市场占有率提高 4 个百分点，协议费用为 8600 万元。

2. 公关策划的含义和目标

（1）公关策划的含义

公共关系策划（以下简称公关策划），是策划人员根据组织形象的现状和目标要求，分析现有条件，谋划并设计公关战略、专题活动和具体公关活动最佳行动方案的过程。公关策划的目标是通过公关策划和公关活动的实施达到组织理想的形象状态。公关策划的核心就是解决以下 3 个问题：一是如何确定传播的内容及找到公众易于接受的方式；二是如何提高传播的效能；三是如何完备公关工作体系。公关策划具有强烈的战略性、策略性和创造性特征，同时它还具有全局性、长期性、指导性、稳定性等特征。它是在公关战略的指导下，谋划、设计公关活动最佳方案的过程，它既是一门科学，也是一门艺术。

（2）公关策划的目标

① 树立企业形象。帮助企业树立起良好的内外部形象：在企业内部，帮助员工树立良好的精神面貌，从而形成强大的凝聚力和向心力；在企业外部，主动利用各种手段传播信息，让公众了解企业、认识企业，从而赢得公众的理解和信任。

② 建立信息网络。外部环境在不断变化，而公关策划是企业收集信息、实现反馈以帮助决策的重要渠道。

③ 处理公共关系。公关策划活动是维持和协调企业与内外公众关系最有效的手段，它能协调企业领导者与员工之间的关系、协调企业内部各职能部门之间的关系、协调企业与外界公众之间的关系。

④ 消除公众误解。当企业出现某个重大失误或错误时，企业通过危机公关可以缓解矛盾，重新塑造良好形象。

⑤ 促进产品销售。通过公关策划建立起企业与公众之间的信任关系，既可以树立企业形象，又可以增加公众的购买和消费欲望。

（3）公关策划原则

① 求实原则。实事求是是公关策划的一条基本原则。公关策划必须建立在对事实真实把握的基础上，要以诚恳的态度向公众如实传递信息，并根据事情的变化来不断调整策略和时机等。

② 系统原则。在公关策划中，应将公关活动作为一个系统工程来认识，按照系统的观点和方法予以谋划统筹。

③ 创新原则。公关策划必须打破传统、刻意求新、别出心裁，使公关活动生动有趣，从而给公众留下深刻而美好的印象。

④ 弹性原则。公关活动涉及的不可控因素有很多，任何人都难以把握，留有余地才能进退自如。

⑤ 伦理道德原则。对组织及策划公关活动的相关人员的行为道德要求日趋严格。

⑥ 心理原则。要运用心理学的一般原理及其在公关中的应用，正确把握公众心理，根据公众的心理活动规律，因势利导。

⑦ 效益原则。要以较少的公关费用，取得更佳的公关效果，实现企业的公关目标。

3. L 公共关系公司的营销策划方案

公共关系是企业为了树立良好的企业形象和扩大商品销售而采取的增加公众对企业的认识、理解和支持的信息传递活动。公共关系能够以比广告低得多的成本，对公众的认知产生影响。企业运用公共关系与消费者、投资者、媒体和社区建立起良好的关系。因此，公关策划在品牌促销中是非常有效的手段。L 公共关系公司（以下简称 L 公司）根据公关策划理论知识，针对 M 企业的背景，围绕“九命牌”猫食进行了公关策划，具体内容包括以下几点。

① 建立“九命牌”猫食产品品牌。重新为 M 企业产品建立品牌，将品牌命名为“九命牌”。为“九命牌”猫食产品品牌寻找形象“代言人”，即一只非常可爱的猫，取名为毛丽丝。其形象是围绕故事中叫毛丽丝的猫而设计的。一般情况下，特许名称或人物可以使消费者迅速熟悉新产品，并把新产品与竞争者的产品区分开来。因为在相似的产品之间进行选择时，消费者往往会选择自己熟悉的。

② 编写了一本名叫《毛丽丝——亲切的传记》的书，书中描写了毛丽丝的成长过程和冒险经历。L 公司后期不仅把书改编成漫画，在书店出售；还根据书拍了动画片在电视台播放，深受大众喜爱。

③ 发起一个寻找和毛丽丝面目相似的猫的竞赛活动，大量刊载有关该活动的新闻报道。该活动通过设置较为丰厚的奖金，吸引了众多人参与，达到了让毛丽丝的形象深入人心的目的。该活动的最终目的是通过竞赛，使养猫的人和爱猫者能够熟悉毛丽丝这个形象和毛丽丝品牌，从而对品牌形成偏好。

④ 设立毛丽丝铜质雕像奖，将雕像赠给在地区猫展上得奖的猫的主人；宣传毛丽丝的非凡冒险经历，使毛丽丝成为消费者心中的明星。

⑤ 倡议发起“收养猫月”活动，以毛丽丝作为活动的“代言人”，倡议人们收养像毛丽丝一样曾经迷路的猫，活动的目的在于激发人们对猫的爱心。

⑥ 发布一本名叫《毛丽丝法》的照管猫的小册子，告诉人们应如何照管猫，从而将公司的营销活动完全融入目标消费者的日常生活中，使之成为消费者生活的一部分。

⑦ 举办“毛丽丝之夜”大型晚会。

以上公关策划活动，提高了“九命牌”猫食产品的市场份额，并使之成为猫食市场的主导品牌。

4. 总结

从 L 公司的营销策划方案可以看出公共关系的促销功能，这种促销功能是从公共关系的其他功能中派生出来的。用塑造良好的组织形象来提高组织的经济效益，是公共关系促销的显著特征。所谓公共关系促销，是指综合运用企业影响范围内的空间和时间因素，向消费者传递理念性和情感性的企业形象和产品信息，从而刺激消费者的需求，使其尽早采取购买行为的手段。公共关系促销的策略主要有以下几种。

（1）公共关系促销的空间利用策略

这是一种利用消费者视觉和听觉的促销方法。它的基本做法是在有限的空间内，创造出一个又一个足以令消费者视觉兴奋的空间形象，放出一阵又一阵足以唤起消费者听觉激情的声音，从而给消费者施加一个购买产品的心理提示。

（2）公共关系促销的时间利用策略

广义地讲，这种策略是指在消费者对时间的感知过程中，对其施加种种心理影响和压力，从而促使他们迅速地购买企业的产品，同时该策略可以提高经营者对时间的敏感度和判断捕捉时机的能力。这种策略包括对时间的利用和对时机的利用，因此需要准确地估计、细心地把握。

（3）公共关系理念性促销策略

理念性促销是一种诉诸人的理性判断的促销方法。它的基本做法是帮助消费者运用逻辑推理、比较分析、事实罗列等方法分析产品，或者说是通过摆事实、讲道理，使消费者充分信任某种产品并乐于购买它。这种策略尤其适用于成年消费者。

（4）公共关系情感性促销策略

情感性促销是一种诉诸人的情感的促销方法。它是以与人为善、真诚待人为出发点的，因而能扣人心弦。情感性促销是一种最能体现公关理念的促销方法，需要经营者的智慧。

【案例问题】

1. 你认为L公司营销策划方案中的哪部分内容最精彩？请说明原因。
2. 通过本案例的学习，你获得了哪些启示？
3. 如果你是L公司的策划人员，你会如何进行公关策划？

案例 12

让地铁站“创艺”起来：宁波创艺服务平台引流之路

【知识点】

影响消费者行为的因素、营销策略、引流策略

【案例正文】

1. 引言

宁波创艺信息科技有限公司（以下简称宁波创艺）是以浙江纺织服装职业技术学院信息技术研究所为基础创立的。它是一家专业从事移动应用软件、“互联网＋服装”、智能时尚产品设计及开发的高新技术企业。

2015 年，宁波创艺推出宁波纺织服装云平台。该平台以“互联网＋服装”为核心，整合各方面的资源、技术力量，协助纺织服装行业中小微企业转型升级，建立了一个集创意设计、制造、品牌推广、市场营销、新品发布、走秀展示、设计师交流、培训、时尚产业众创空间为一体的基于 O2O 模式的生态系统。宁波创艺围绕服装全产业链，为相关企业提供人、财、物等资源调配服务，在助力产业协同发展的同时，满足消费者日益增长的个性化需求。

宁波创艺自成立以来，在制造强国建设和制造业转型升级的国家战略指导下，始终坚信服装制造业承载着创造美好生活的重任，不断探索服装个性化定制，坚持以纺织服装云平台为核心，助力产业转型升级，积极攻克定制服装行业的痛点、难点，在竞争激烈的科技信息领域占据了一席之地。宁波创艺的经营活动主要集中在纺织服装领域，它是以纺织服装云平台为中心开展服务的。基于工业互联网的大背景和行业发展状况，纺织服装云平台以大数据为顶层设计，采用模块化设计思想，创建了特色资源库，并将其按照服务对象和内容分为设计素材库、面辅料库、企业库（包含产品、供求信息等，实现企业地图搜索与查询功能）。纺织服装云平台整合服装全产业链的数据信息资源，打破上下游之间的壁垒，衔接服装产业链各环节。

2. 职业装个性化定制平台

宁波创艺运用最前沿的技术和现有的信息资源，以职业装个性化定制为发轫点，以纺织服装云平台为核心向外辐射，建立服务于服装全产业链上的企业和消费者的纺织服装个性化定制综合体。宁波创艺以平台串联起定制店、服装企业、行业优秀人才，整合行业产品和服务的标准特征数据；以消费者个体特征、心理特征与需求数据为基础，建立标准化、系列化、特色化、个性化的产品和服务体系；帮助服装定制店精准把握消费者需求、共享供应链和工匠，帮助品牌开拓市场、共享行业资源和渠道；帮助行业优秀人才洽谈业务、承接订单；帮助消费者便捷地了解服装定制店信息。

宁波创艺的职业装个性化定制平台是基于人工智能技术，提供标准化、系列化、特色化、个性化的产品和服务的平台。职业装个性化定制平台联合附近门店，将服装定制、智能推荐、AI设计等要素结合起来，致力于打造职业装定制领域的"美团"平台。该平台通过建立奖励机制来引导消费者的行为、激励消费者参与互动。

除了采用传统的送赠品、平台抵用券，以及返利、免费体验、转发广告、传单宣传等方式吸引消费者，宁波创艺还提出了"布丁"概念：消费者可以从不同渠道获得布丁，如首次登录、消费、推荐注册（邀请或者转发）等，按100布丁：1元的比例（1布丁价值0.01元），兑换成消费金，也可以直接兑换满足布丁数量要求的衣服或者参加抽奖活动。

3. 存在的问题：服务型平台引流效率低

宁波创艺一直致力于"互联网+服装"的综合服务平台建设，在设计、研发、运营平台时，注重打造"小单快反"模式，但忽略了平台引流问题，导致一直无法获得预期效果。平台引流和运营问题是个性化定制平台必须解决的问题。

作为科技信息公司，平台设计和创意是宁波创艺的优势。但再好的项目，没有流量，也是一纸空谈。平台要想真正吸引消费者，就必须接触到足够多的消费者，有足够高的曝光度，或者能提供足够优质、便利的服务，让消费者能够通过平台迅速满足自己的需求。一个好的平台引流方案除了能吸引消费者下载App，更重要的是能刺激他们主动消费，甚至主动宣传。宁波创艺不是在经营平台，而是在经营消费者。宁波创艺在推广时需要吸引消费者，让他们接受宁波创艺的平台服务，而不是只说服消费者下载 App。

4. 宁波创艺的平台引流方案

（1）定位地铁站，玩转人流新花样

将职业装个性化定制平台的综合体验店和办公总部置于地铁站的商业空间内，一方面可以充分利用地铁站的人流、物流、商流、信息流，增加职业装个性化定制平台的曝光率；另一方面可以在方便消费者到店的同时，潜移默化地起到广告宣传的作用，从而提升平台知名度。地铁站是人流、物流、商流和信息流的有效载体，宁波创艺在这种快速流动中为城市和区域经济、产业发展升级提供了全新的动力。地铁可以带动人流快速在城市中转移，这在一定程度上会引起地铁站周边区域的物流、商流和信息流发生质变，从而帮助平台实现商业价值最大化。

三官堂地铁站的商业空间属于客流路线比较简单且客流集中的站厅商业型空间。该地铁站与位于浙江纺织服装职业技术学院内的宁波创艺距离 1 千米，附近区域纺织服装的创新创业氛围浓厚，特色鲜明。该地铁站是宁波地铁 2 号线和 5 号线的换乘站，汇聚了浙江纺织服装职业技术学院、居民区、工业区的人流，因此人流量潜力大。从经济角度来看，利用与地铁站相关的地上和地下空间资源进行合理开发，可以很好地使城市交通功能与宁波创艺所需的宣传、销售等商业功能有机结合。这是对地铁商业一体化发展模式的应用，有助于推动城市资源的合理利用及促进财富的积累。

宁波创艺深入发掘年轻消费群体的多样化和个性化需求，重视并支持稳定却不易被满足的小众需求，在地铁站专门打造集职业装及汉服、婚礼用品、饰品等特色服饰定制为一体的定制服务中心。在这里，消费者一方面可以体验自主设计、量体裁衣、AI 智能设计的乐趣，做自己的设计师；另一方面可以体验自己设计制作饰品的乐趣，享受布艺纪念品制作等个性化服务。地铁站人流量巨大是发展商业的优势，包含 3D 量体、3D 展示、AI 设计、DIY 刺绣等前沿技术体验服务的宁波创艺的服务平台，通过提供多层次、高品质、个性化的定制服务，加强了消费者与平台的有机联系，吸引了多层次消费者参与平台互动。

此外，宁波创艺还在地铁站内设置了量体仓，利用地铁站的交通便利优势，有效节省了服装定制店和消费者的量体成本。

（2）“地铁站 + 服装个性化定制”，集合各方有“需”之士

三官堂地铁站的主要消费群体为年龄为 18～30 岁的上班族、周边居民和大学生。就上班族和周边居民而言，较为稳定的经济基础决定了他们的消费能力，而且不少上班族恰巧有职业装需求。地铁站里的定制平台广告，将增强消费者对平台的认识和信任，有利于激发其产生购买欲望。

就大学生而言，一方面他们接受新鲜事物的能力比较强，3D 量体、3D 选衣等新技术可能会吸引他们成为第一批消费群体；另一方面，他们在参加社团活动、实习、求职时对职业装的需求度高，因而是潜在的目标消费群体。此外，大学生具有全国性的特点：一是分布全国性，在校大学生及其同学、朋友、老师遍布全国各地；二是去向全国性，即大学生未来就业地分布也具有全国性。因此，在职业装个性化定制市场开拓初期就占领大学生市场，无论是对宁波创艺职业装个性化定制平台的前期知名度提升还是对其后期在全国范围内的推广来说，都是明智之举。

为此，宁波创艺设计了“大学生第一套职业装计划”“扶持大学生服装专项创新创业计划”等有针对性的营销方案。宁波创艺以地铁站所在的江北高教园区为中心向外辐射，推广“大学生第一套职业装计划”。宁波创艺为大学生量体裁衣，定制高性价比的第一套职业装，使大学生体验定制服务和操作流程，感受“互联网 + 职业装个性化定制”的科技魅力。宁波创艺还在三官堂地铁站商业空间内设立非固定商铺，为有相关创业想法、执行力强的大学生提供免费租赁商铺服务，为大学生提供创业平台。这种做法可以达到平台和创业者双赢的目的：在一定程度上增加地铁站商业空间流量，提高宁波创艺个性化定制平台的知名度；宁波创艺是以技术和场地投资入股的形式支持大学生利用平台创业的，大学生创业的成本较低，可以免去他们的后顾之忧。

（3）地铁站里玩健身，引流运营两不误

目前三官堂地铁站附近的公共体育设施总量不足，在该地铁站商业空间内设立健身中心将会吸引周边居民、高校师生及地铁沿线的市民来健身。不同于普通健身中心，该健身中心除了普通健身器械，还有针对性地设计了室内攀岩项目。通过打造网红健身中心吸引大学生及年轻上班族，这也为宁波创艺的平台引流及服装定制市场开拓提供了有效的资源和动力。

健身中心通过量体仓巧妙地关联到职业装个性化定制平台，从而达到引流目的。就消费者心理而言，他们锻炼之后会更乐于通过大数据来记录身体的变化。而量体仓可以为健身者提供免费量体和身材分析服务，利用大数据、云计算、3D 红外传感等技术，精确测量人体的体型数据，使健身者能够了解自己的体型变化趋势和健康情况，满足了消费者的需求。

然而，推广量体仓并不是宁波创艺的最终目的。其中的 3D 体型数据，如果经过消费者本人授权，将同步至职业装个性化定制平台。消费者也可以通过直接扫码将数据同步至职业装个性化定制平台“我的量体”内。这将直接协助消费者在平台选购服饰、进行私人服饰定制。量体方便、注重个人隐私、数据精准实时，以及定制选购个性化和可视化等特点，都是健身中心量体仓的亮点。通过量体环节串联起健身与服装定制，可以有效提升消费者的黏性。此外，独特且新颖的“健身中心 + 服装定制”模式，也易激发消费者的分享欲，为宁波创艺的口碑宣传提供支持。

（4）整合引流，三管齐下创共赢

宁波创艺并没有抛弃所有的传统引流方法，而是将一些成功的传统引流方法和地铁站特色引流方法相结合，为其所用。宁波创艺利用地铁站的交通优势，利用人流、物流、商流和信息流率先发展“互联网 + 健身”的新型科学健身模式，结合网红营销方式，快速开拓市场，吸引流量，建立稳定的健身客户数据库；再通过地铁站和健身中心宣传、场景营销以及量体数据同步等方式，不断开拓职业装定制现有市场，并挖掘职业装定制潜在市场，助力职业装个性化定制平台的市场推广和品牌建设。

第一，整合主体，形成传播合力。在统筹规划下，宁波创艺、服装定制店各尽其力，使来往的乘客与游客成为一支传播力量，在网络上分享体验感受或通过口头宣传提高宁波创艺的活跃度，吸引更多的人关注地铁站的职业装定制，把更多潜在客户变成现实客户。宁波创艺注重反馈回访，以良好口碑吸引回头客；挖掘购买热情高、消费能力强的客户，为其打造优质的付费定制产品与服务，努力使其成为永久客户。

第二，整合内容，提高传播影响力。宁波创艺通过“健身中心 + 服装定制店 + 公共交通”三位一体的传播形式吸引流量、实现拉新，从而快速开拓市场；构建以地铁站为基础的服装定制主题场景，增强客户的感官体验，加强宁波创艺在目标客户尤其是大学生等年轻群体心中的印象；不断开拓职业装定制现有市场，并挖掘潜在市场，助力职业装定制的市场推广与品牌建设，为宁波创艺转化盈利、开拓新市场、开发新定制技术、提供新优质服务创造条件。

第三，整合媒介，扩大传播范围。借助网络媒体、社交软件等多种媒体，充分利用宁波创艺的技术平台，开设职业装专题咨询，不断丰富传播形式与手段。此外，宁波创艺还在各个特色门店的显眼位置摆放资讯二维码，使客户可以利用碎片化时间了解感兴趣的行业资讯信息。这种做法可以在缓解客户因排队等候而产生的消极情绪的同时，促使进入地铁站服装定制中心的客户下载并使用平台 App，将店面客户甚至是过客转化为平台服务的客户。

【案例问题】

1. 结合宁波创艺初期的引流方法，谈谈你对引流的认识。

2. 从构建引流方案的思路来看，宁波创艺成功的原因有哪些？

3. 宁波创艺在地铁站的创意设计对服务性企业的营销创新有哪些启示？

Case 1

Awkward Situation at a Restaurant: How to Deal with Dissatisfied Customers

Keywords:

Customer Satisfaction, Customer Loyalty, Customer Retention, Customer Lifetime Value

Case Description

1. Introduction

Ningbo is a historic port city with abundant marine resources that provide opportunities and space for the development of local seafood restaurants. Ningbo's classic seafood dishes include salted crab, stewed yellow croaker, fried ribbon fish, marinated mud snail in yellow wine, fired clams with scallion oil, stir-fried rice cake with white crab, braised pomfret, etc. The most distinctive feature of Ningbo cuisine is the original flavor, freshness, and saltiness, where the best aspects of the ingredients are showcased.

Fishing Port Catering Management Co., Ltd. (abbreviated Fishing Port Catering) has always adhered to the principles of "authentic materials" "customer-oriented" and "advocate first-class food culture" to create a first-class dining atmosphere, warm and sincere service, and first-class delicious food. Through inheritance, research and development, and innovation, it has made a name for Ningbo cuisine. Over the years, it has attracted numerous diners with its characteristics of "good flavor, low price, high quality, large quantity, green and healthy" and become a golden signboard of local cuisine in Ningbo. Fishing Port Catering has an excellent team of senior catering managers and well-trained restaurant service personnel, as well as a team of skilled chefs who master various cooking methods of major cuisines and a large number of dedicated logistics personnel.

2. Cause of the Incident

Cui Hai is the manager of the Zhongshan Road branch of Fishing Port Catering Restaurant. An incident that occurred in the restaurant during dinner caused him trouble: a regular customer found hair in a classic dish while dining with friends. The customer was very angry and immediately demanded that the dish be replaced and that the dining fee for that evening (3,367 yuan) be waived.

The customer′s reason was that the hair in the dish indicated that the restaurant′s food did not meet expected quality standards and that the restaurant did not strictly follow the required procedures in the implementation of hygiene standards. This is contrary to the promise of "high quality" and "customer-oriented" and is not in line with the restaurant′s positioning and grade. Furthermore, he brought his very important friends and their families to the restaurant, and it was because he told them that the restaurant′s food, service, and hygiene were of a high standard that they came along. This incident severely affected his friends′ perception of him. For this reason, he insisted that the restaurant must replace the dish and waive the dining fee.

3. Incident

As the restaurant manager, Cui Hai first apologized to the customer and asked the kitchen to immediately replace the dish. However, he believed that the restaurant should not waive the entire dining fee for the customer that evening. First of all, the problem was only with one of the dishes, not all of them. In addition, the restaurant has implemented a very strict hygiene code and practice, but unexpected issues could still arise, even in the most luxurious five-star hotels or Michelin three-star restaurants. So, Cui Hai said, "Sir, you must be very concerned about health and hygiene when you cook in your own home, but does this also happen? This is not a quality issue as promised by the company." In the charter of Fishing Port Catering, it is indeed that "hair in dishes" is not considered a quality issue. Although Cui Hai had expressed his sincere apology to the customer, the customer was still very angry and insisted on his demand. He was not satisfied with Cui Hai′s explanation that it was not a quality issue, and the two sides disputed over it. Since there were many other diners present, Cui Hai did not want this incident to affect their mood and satisfaction. Additionally, Cui Hai did not have the decision-making power for such a high compensation amount. So Cui Hai asked the customer to take a seat first, and reported to the company manager for instructions.

Cui Hai thought that the customer's demand was too much. Once he has met his demand, he will be more demanding next time. So, there is no need for the company to retain such customers. Cui also suggested that the company should establish a system to prevent such incidents from happening again. For example, the company's service terms could specify that in case of similar incidents, compensation is only given for the loss of the problematic dish.

After hanging up the phone, the manager of the company was in a dilemma. The customer's request was indeed reasonable, and the company should do something to compensate. However, waiving the entire dining fee was too much, given that the total cost was several thousand yuan. At the same time, the manager of the company checked the customer's consumption record and found that he was a regular customer who came to the restaurant once every two months on average and spent about 1,000 yuan each time. According to the average profit margin of 30% in the industry, the company could earn a profit of approximately 1,800 yuan per year from this customer. Based on experience, the manager of the company believes that this customer is well worth the retention, but waiving over 3,000 yuan was too much.

In the end, the manager of the company thought that the customer could be offered coupons for the same amount as the meal. These coupons came with certain conditions: the customer has to use them up within a year; the maximum discount for a single meal was 1,000 yuan; the coupon could not be used in conjunction with other coupons; and the coupon could not be used on holidays and weekends. The manager of the company thought that based on the customer's consumption history, he would be satisfied with the coupon and be incentivized to come back and spend more in the future. If the customer was given a free bill, it was likely that the customer would stop coming. Additionally, the restaurant wasn't fully booked on weekdays, so giving the coupon would not add too much cost.

4. Ending

After making the decision, the manager of the company immediately drove to the restaurant, rushed to apologize personally to the customer before he left, and delivered a coupon worth 3,500 yuan.When informing the customer of the conditions of use of the coupon, the manager of the company explained that these conditions were a requirement of the company, but based on the customer's consumption history, the conditions wouldn't have much of an impact. The manager also promised to strengthen management to prevent such incidents from happening again. Eventually, the customer left the restaurant satisfied. In addition, the manager of the company thought that the suggestion made by Cui Hai was valuable. The company should develop a set of norms for dealing with such incidents, but neither should it only compensate for the problematic dishes or give a full free meal.

5. Post-incident Measures

After the incident, the manager of the company called a meeting with the managers of each branch. The meeting had two main themes. Firstly, to strengthen quality management to prevent such things from happening again, with the branch managers being held responsible if they did happen again. Secondly, to revise the rules for handling special events. Together, they formulated a three-stage process for handling disputes: first, to express sincere apologies; second, to actively address the issues raised by customers; and third, to offer appropriate compensation.

However, they still hadn't reached a consensus on some specific issues. For example, should the bill be waived outright or should a coupon be given? If a coupon is offered to a customer, how much should it be worth? How could they reduce customer dissatisfaction?

6. Follow-up

A week after the incident, the manager in charge of customer service contacted the customer and asked him if he was satisfied with the restaurant's handling of the situation and whether he would continue to dine at the restaurant. He also asked for feedback on other issues related to the restaurant. The customer said he was very satisfied. According to the customer's consumption record, the customer used all of his coupons in the following six months, and the customer continued to consume at the restaurant afterward.

Case Questions

1. In this case, what options does Cui Hai have to deal with the contingency? What are the options available to the manager of the company?

2. What are the differences between these different options in question 1? (Think about them from the perspective of the company and the customer respectively)

3. In this case, were the actions of Cui Hai and the manager of the company appropriate? If it were you, which option would you choose?

4. In this case, what is the value of the customer? How should it be calculated?

5. How do you think the company should develop its compensation system in the future?

6. Do you think the company needs to set conditions for using coupons? Why?

Case 2

ShanYuan: The "Trust War" of Internet Charity Marketing

Keywords:

Consumer Trust, Characteristics of Services, Consumer Decision-making Process

Case Description

1. Introduction

The development of public welfare and charity in China has roughly gone through three stages. In the "Charity 1.0" stage, public welfare activities were carried out in the traditional offline form. At that time, the participants of charity activities were mainly enterprises and social celebrities, and the participation of the general public was low. Charity projects generally did not start from actual needs, and charity acts were mostly a manifestation of the donor fulfilling their social responsibility or out of their own simple love. The relationship between donors and beneficiaries had to be linked through public welfare organizations, and their relationship was mostly severed.

Since 2000, with the rapid development of the social economy and better living conditions, the public charity has gradually stepped into the "Charity 2.0" stage. More and more people are involved in public charity through charitable organizations. This phase of public charity is characterized by corporate and social celebrity-led activities and public participation.

Since 2014, with the rapid development and in-depth application of mobile Internet and digital technology, all aspects of people's lives are undergoing rapid changes, and public charity is no exception, officially entering the "Charity 3.0" stage. In the "Charity 3.0" stage, the new charity model completely overturned the traditional charity model. Anyone with love can participate or even initiate charity activities anytime and anywhere. The high threshold of donation is broken, and more and more young people are participating in public welfare activities through diversified donation channels. The diversification of donation channels is also accompanied by the diversification of donation forms. Money is no longer the only form of donation, more and more people are becoming volunteers, offering their time and skills to those in need.

The introduction of the Internet has contributed to more and more positive interactions between donors and recipients, and more and more targeted public service projects. The wide participation of the public and the precision of public welfare aid make the public welfare effect more significant. The continuous improvement of the public's awareness of public welfare and charity ultimately promotes the development of public welfare and charity in a virtuous cycle.

2. Opportunities for the Establishment of ShanYuan.com

Chen Yaofang, the founder of Ningbo ShanYuan Foundation, has been engaged in charity work since 1997. In 2011, Chen Yaofang was appointed as the secretary general of Ningbo Yinzhou Bank Foundation, and in the following two years, he actively promoted the cooperation between Ningbo Yinzhou Bank Foundation and Yinzhou Yan's "Yixiang" building complex to establish the ShanYuan Charity Base. In early 2015, Ningbo ShanYuan Charity Foundation (ShanYuan Foundation) was officially established, with Chen Yaofang as the chairman of the board, in charge of the daily work of the Foundation.

Through his understanding of the operation mode of public welfare projects and the development of the public welfare industry, Chen Yaofang realized the following problems in the traditional public welfare project operating model in the public welfare and charity field. First, there is a mismatch between "supply" and "demand". On the one hand, social welfare organizations generally lack funds for their projects and even for their activities; on the other hand, potential donors or volunteers have difficulty finding a reliable channel to obtain specific information about the activities or projects of public welfare organizations, and have difficulty establishing trust in public welfare organizations. Second, public welfare activities are of relatively limited influence. Taking Yinzhou Bank Foundation as an example, due to the constraints of project organization and management costs, its activity scope in 2013 and 2014 was mainly in the six districts of Ningbo city and the surrounding areas. Third, the "small charity" is not effectively utilized. Traditional charity activities are mainly limited to donations of money and goods, and the channels of fundraising are mainly remittances from banks and post offices, or on-site fundraising, which objectively sets certain requirements on the amount of donations or the number of goods, and inadvertently raises the threshold, keeping out ordinary caring people with average economic conditions, and wasting the huge scale of "small charity". Fourth, public welfare organizations lack transparency and cannot fully gain the trust of the public. Under the traditional public welfare operation model, public welfare organizations can disclose monthly accounting information on the use of donations, but they cannot fully disclose the information that donors and kind-hearted people are most concerned about, such as whether the donations are actually spent on help-seekers, the direction of each donation, and feedback from people who received their help, making it difficult to fully gain the trust of the public.

In early 2015, Chen Yaofang and his team members keenly recognized the positive impact of internet technology on public charity and believed that internet charity could bring new hope to break through the deadlock of public welfare operations. As a result, Chen Yaofang decided to set up a new internet department while maintaining the offline charity operations of the ShanYuan and quickly began to invest in the design and planning of the ShanYuan Foundation's internet charity platform, ShanYuan.com. In the new department, there are nearly half of the members following Chen Yaofang from the Yinzhou Bank Foundation to the ShanYuan Foundation, they have accumulated a wealth of experience in the traditional offline public welfare project initiation, organization, and management operation. Meanwhile, in the new department, Chen Yaofang has recruited several experienced product managers and programmers who also have a passion for public welfare, to jointly build ShanYuan.com to achieve a more ambitious internet ideal of public welfare for civilians, that is, "everyone can participate in public welfare, everyone can contribute to public welfare".

3. Design of the Operation Structure of ShanYuan.com

In the first half of 2015, after multiple internal discussions, the team determined the prototype of the functional modules for ShanYuan Network's webpage (Figure2.1) and developed the first version for trial operation. The initial design and development of the ShanYuan.com website module are mainly based on the framework of Taobao's "seller + buyer + platform customer service", with the general idea of "three transparency", namely transparent donation track, transparent donation information, transparent donation results, donate as you like, no donation amount limit. It aims to gain public trust, to achieve "everyone can participate in public welfare, everyone can afford public welfare", to gather small love into great love and open the pathway between "supply" and "demand" of public welfare and charity.

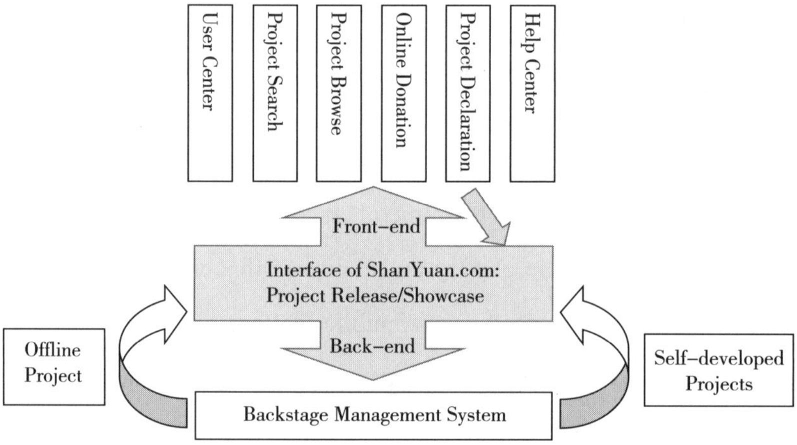

Figure 2.1 Schematic diagram of the functional modules of the ShanYuan.com website

The user functions on the front-end of the ShanYuan.com website include six main modules. ① User Center: Help-seekers and donors can register online and become free members. After registering as a member, people can log in to the website, bind their bank accounts, manage their registration information, and keep track of their donation or collection trends. ② Project Search: Members and visitors can search the public welfare projects posted on the website according to their public welfare preferences. ③ Project Browse: Members and visitors can browse through the different charity projects according to their category attributes. ④ Online Donation: Members can donate through their bank accounts. ⑤ Project Declaration: Real-name certified members can initiate help-seeking projects and check the progress of the projects at any time. ⑥ Help Center: Explanation of the front-end functions in the form of online text.

4. ShanYuan.com Successfully Launched

In late November 2015, after six months of debugging and trial operation, ShanYuan.com was officially launched.

"Rescue of a two-year-old seriously ill young child from poor families in western Zhejiang" is the first public charity project released by ShanYuan.com. The child's parents have been working in Ningbo for many years. The two-year-old child was a source of hope and happiness for the couple, but a rare disease of unknown origin almost easily took away this hard-won happiness. And as "Emergency Assistance" is one of the original purposes of the establishment of the ShanYuan Foundation and the construction of ShanYuan.com, the ShanYuan Foundation quickly reached a cooperation agreement with the Zhejiang Provincial Civil Affairs Department to publish and promote the project on ShanYuan.com. With the help of ShanYuan.com, the project received widespread attention from Ningbo citizens once it was released. In the process of raising funds for the project, the concept of "three transparency" was fully demonstrated on ShanYuan.com - daily disclosure of the progress of fundraising, details of each donation, and the direction of funds. The practice received unanimous praise from donors and caring people. Within a week of the project's release, 100,000 yuan was raised to be used for the child's treatment at a hospital in Beijing, and the child was successfully treated in the end.

"Help the Veterans" is a public welfare project established by Yinzhou Bank Foundation in 2014 in cooperation with the volunteer team of "China Care for Anti-Japanese War Veterans Group", and later became the focus of the public welfare activities of the ShanYuan Foundation. At the end of November 2015, the "Help the Veterans" project was released on the website and quickly spread among the caring people in Zhejiang Province. With the same concept of "three transparency", the project has gained a high degree of trust from both the donors and caring people. In less than half a month, the project successfully raised 200,000 RMB, benefiting more than 180 war veterans. This achievement was something that the ShanYuan Foundation had taken a year to achieve in offline operations.

From late November to the end of December 2015, in just over a month, ShanYuan.com launched 28 projects, including "Help the Veterans", the amount raised was close to one million RMB, with a total of more than 11,700 people participating in the donations, benefiting more than 1,600 recipients. This is undoubtedly a shot in the arm for Chen Yaofang′s team. ShanYuan.com has succeeded in its first battle and is finally on the right track.

5. Trust Crisis Still Exists

The next few years were a continuation of the "prosperous start" in 2015 for ShanYuan.com. From project launch to donor participation, everything went smoothly. Various disclosure of information and openness that accompanies it also keeps all parties satisfied. By 2018, ShanYuan.com has released a total of 411 new public welfare projects, raising a total of 11 million RMB and involving more than 100,000 donors. In addition to the first few basic functions, ShanYuan.com also supplemented the corporate donation channel to accommodate the needs of some companies to fulfill their social responsibility. Positive feedback was also obtained after the function went online.

The positive data certainly brought a strong sense of achievement to the team. Chen Yaofang felt that with this upward trend, they could make more efforts to promote ShanYuan.com and let more people know about it. Therefore, he decided to lead the team members to do a few on-site publicities in Yinzhou District. During the days of on-site publicity, many enthusiastic citizens came to inquire, after they know what ShanYuan.com was doing, they show more distrust but they were more distrustful, which is concentrated in the following three aspects. Firstly, self-incrimination is difficult. The public charity credibility crisis is still not over, ShanYuan.com is also affected. Secondly, unreadable disclosure information. Compared with preconceived suspicions and prejudices, the concerns of some caring people about information disclosure make Chen Yaofang and others unavoidable.

For example, there is no information about the implementation progress on the website. Thirdly, loopholes in regulatory review. The doubts of a caring person after 95 made Chen Yaofang and others have to think seriously, that is, how should ShanYuan.com do a good job of regulatory review to avoid fraudulent donations.

However, while the offline promotion was frustrated, the online crackdown also followed. In less than a month, the customer service team received two representative online feedback opinions.

(1) Difficulty in Project Declaration

Feedback from the initiator of a charity project to help left-behind children in a mountain village in Guizhou attracted the attention of the customer service team. The initiator of the project is a college student from Zhejiang who is teaching in the village. After witnessing the extremely poor learning environment of the local left-behind children, she was determined to help the students improve their school building. Since she had previously come across ShanYuan.com, she first thought of posting a project and seeking help from enthusiastic donors. However, even as a college student, she encountered a lot of trouble when filling out the information for the project initiation. It took her a whole day just to fill out the basic forms. The good thing is that the project is not urgent or can be solved in a short time. Yet the college student was a thoughtful person, and she was very keen to notice the possible problems behind it. “What if there are other very urgent items? If the help seeker is not so well educated and does not know how to operate the internet, how can he initiate a project? In the long run, how can ShanYuan.com satisfy the help seekers?” So she immediately wrote a long piece of advice on the website, expressing her concerns.

(2) The Project Fundraising Progressed Far Below Expectations

Another thing that caught the attention of the customer service team was a complaint from an elder man from Xingtai, Hebei. He was also a project initiator trying to raise money. He is a farmer in the suburbs of Xingtai. Due to a huge flood, the roads in their village were destroyed and it was very difficult for the children to go to school. The man's nephew was studying in a university in Zhejiang who gave him the idea to try using ShanYuan.com. He is a straightforward person and made a very detailed description of the various budgets including the road repair, but without any additional description other than the most basic project information. This made the project unattractive to donors. Although he completed the project launch three months ago and passed the review. But three months had passed and there was almost no progress, and there were even messages questioning the authenticity of the project. This made him particularly anxious, so he made a phone call to customer service. The issues behind this (such as how to scientifically present those pro bono projects) are thought-provoking.

The successive problems made the mood of the team members a little heavy. Although none of these problems seemed to be serious, the crisis behind them was a cause for concern. What is even more discouraging for the team is that similar problems have persisted for a long time and have even intensified.

6. Rebuilding Trust

At the end of 2018, Chen Yaofang chaired a three-day internal working discussion meeting, attended by the top management, the main persons in charge of each operation group and the technical backbone of ShanYuan.com. At the meeting, they actively discussed the various questions and criticisms that they had received in 2018, and expressed their views on the core issue of "how to dispel the public′s doubts about ShanYuan.com". Finally, the management team formulated the following rectification measures.

(1) Strengthen Supervision and Review

A housekeeping volunteer team has been added to the operation of ShanYuan.com. Any charitable person can apply to become a member of the team. As a third party, they can undertake the following tasks: review, follow up and supervise projects, prevent fraud by project initiators and even the platform, and eliminate public welfare speculation; supervise the destination of donations and implementation progress, and prevent the platform from withholding donations; help project initiators optimize project content and form, and improve the quality of project presentation.

(2) Promote Online and Offline Linkage

The management team of ShanYuan.com actively uses the advantages of the offline platform. With the creation of the charity complex, the management team can incubate and support professional charitable organizations. They can act as discoverers, matchmakers, contact persons, and supervisors of various public welfare projects, provide services directly to the people in need, initiate projects more professionally online, follow up on the implementation of the projects, communicate project feedback to the public, etc. In addition, professional charitable organizations can also help the management team by providing regular training and coaching for the housekeeping volunteers to strengthen the capacity of the volunteer team.

(3) Simplify Reporting and Improve Online Customer Service

Firstly, the management team of ShanYuan.com made the project declaration interface "user-friendly", simplified the declaration process, and highlighted the project focus. Meanwhile, the project review and supervision were increased to avoid project forgery. Secondly, the housekeeping volunteer team helps to improve online customer service. If the customer service team is short of manpower, any housekeeping volunteers can serve in customer service, answering questions and providing assistance to project initiators or donors.

In addition, in response to complaints from some initiators about "unreadable information disclosure", the management team has redesigned the project reporting template to avoid too much specialized financial information and to focus on the information of most concern to donors, such as transfer vouchers, payment and time points, to ensure that the template is clear and understandable to every donor. Contact information for the project is also prominently displayed on the website.

7. Epilogue

In January 2019, the renovation of the website was fully implemented and received widespread praise and support from the public, private charity groups and official charities.

More and more volunteers are willing to participate in the housekeeping volunteer team. At the same time, the offline platform of ShanYuan.com officially began to operate, and professional public welfare organizations gradually joined the construction of ShanYuan.com, thus forming a good offline online complementary model.

Afterwards, the charity business of ShanYuan.com has developed rapidly, reaching record highs in terms of project release, fundraising scale, the number of donations, and scale of beneficiary groups.

"The decline in the proportion of secondary donations is essentially a failure to gain the long-term trust of the public, which is ultimately a problem of trust mechanisms." Chen Yaofang, who was looking at the annual report, was pondering. He realized that ShanYuan.com has a long way to go, and the trust issue of the public charity platform has not been completely resolved. The future development of Shanyuan Network is full of anticipation.

Case Questions

1. What is Internet charity? Why does the ShanYuan Foundation organize ShanYuan.com?

2. What is the core mechanism of internet charity marketing? How did SunYuan.com establish this core mechanism?

3. What problems existed during the early year of operation of ShanYuan.com? What were the root causes of these problems?

4. What adjustments did the management team of ShanYuan.com make? Can these adjustments solve the problem of the decline in second-time donations? Share your thoughts.

Case 3

The Decision-making Process of a Couple Purchasing Baby Formula

Keywords:

Customer Decision-making Process; Customer Purchase Type; Information Search and Evaluation

Case Description

1. Introduction

As an expectant mother, Lily is meticulously preparing all the necessities to welcome the arrival of her baby. She wants to choose the most suitable and healthiest items for her baby, so she is busy and happy every day, working hard.

One day Lily saw an advertisement for Mead Johnson's baby formula on TV, claiming that it is a good partner for breastfeeding. She didn't know if she needed to prepare baby formula for her baby, so the next day she consulted a colleague who had just returned to work after giving birth. Her colleague told her, "You need to prepare baby formula! Because when the baby is just born, there may not be enough breast milk, so baby formula is a must-have."

2. Information Search

Lily searched online when she had some free time. She searched online and found many infant formula rankings: top 10 domestic formula, top 20 formula quality rankings, top 10 imported formula, organic formula rankings, etc. Lili also searched the websites of major domestic and foreign formula brands and commonly used shopping platforms, but there was a lot of information on the internet, with various products receiving mixed reviews and no unified answers.

Seeing is believing. Lily's husband, Xiaogang, decided to visit a supermarket offline over the weekend. Having heard that Sam's Club (hereinafter referred to as Sam's) has a rich selection of imported food, Xiaogang specifically applied for a membership card at Sam's. As soon as he walked into the formula section, Xiaogang saw shelves on both sides displaying more than a dozen brands of formula, including Fir Mus, Yili, Abbott, Dumex, and other domestic and foreign brands. The formula was categorized by brand and placed in different areas.

Xiaogang walked to the sales area of Fir Mus where the salesperson picked up a can of Xingfeifan series of infant formula. Although the salesperson strongly recommended it, Xiao Gang wanted to look at other brands as well, given the numerous formula options available.

"My child has a protein allergy, and she got a rash after consuming high-protein formula. After that, we switched to several different brands of formula before finally choosing Wyeth formula." Xiaogang heard the conversation of other customers and walked to the Wyeth milk powder area.

Seeing Xiaogang coming, the salesperson enthusiastically recommended Wyeth formula to him, but Xiaogang was completely confused, having no concept of the various nutritional components mentioned by the salesperson. After that, there were salespeople of other brands recommending their brands to Xiaogang one after another. A variety of innovative features and nutrients made it difficult for him to choose.

For the next few days, Xiaogang and Lily were constantly searching and learning about various types of baby formula. After a period of concentrated learning, they realized that high-quality infant formula cannot be represented by some simple parameters or summarized by popular online formula rankings. They both agreed that they need to establish standards first in order to find the right product among countless options. The standards they set include: first, good milk source and quality assurance; second, product safety and reliability; third, suitable for the baby's physique; fourth, appropriate price.

3. Brand Evaluation and Selection

After searching for a while according to their evaluation criteria, Xiaogang and Lily finally identified the following alternative brands.

(1) Aptamil

Aptamil is Germany's leading high-end formula brand, and one of the best-selling milk powder brands in Europe. At the Aptamil Research Center, researchers have been exploring the secrets of breast milk for 40 years, achieving remarkable results, and collaborating with universities, research institutes, and nutritionists to apply the latest research findings to infant formula.

Aptamil claims that its officially sold formula is 100% imported from Germany, and all formula is produced according to the same strict standards. All Aptamil formula exported to China has undergone double inspection by both China and Germany, ensuring better quality. Aptamil has multiple versions.

① Chinese version (classic, ZhuoCui). Whether it's the classic or the ZhuoCui version, the whole segment is designed as an all-lactose formula, with no added additives such as flavoring essence, fragrances, and sucrose. With the low lactose sweetness, this formula is lighter in taste, and more suitable for growing babies. In addition to this, both have added DHA to promote the development of the baby's brain and retina. The difference is that the ZhuoCui version has added natural milk fat, which can reduce the formation of calcium soap, making it easier for the baby to have bowel movements.

② German version (classic, platinum). For stage 1, compared with the Chinese classic version, the German classic version does not contain linoleic acid and alpha-linolenic acid. Pre, stage 1, and stage 2 of the platinum version have added anhydrous milk fat, which can reduce the chances of baby constipation, but it is not easy for newborns to absorb. In addition, the German platinum version packaging uses a secure can design with better sealing.

③ British version (classic, platinum). Stage 1 of the British classic version does not contain linoleic acid, nor alpha-linolenic acid, which is not conducive to the baby's vision and brain development, and stage 3 has added maltodextrins, which is not good for baby growth. For the platinum version, natural milk fat is added to all stages.

④ Australian version (platinum, gold). All stages of the Australian platinum version have added probiotics, which are helpful to baby growth. But stage 1 has added maltodextrin, which is not conducive to the baby. Stage 3 of the Australian gold version has not only added maltodextrin but also added glucose syrup, significantly increasing the risk of tooth decay and obesity in the future.

(2) a2

The product from New Zealand's a2 company is is natural, and additive-free, containing pure A2 β-casein. The most important feature of the milk powder is the A2 β-casein, which is a naturally sourced formula that is close to the natural casein found in breast milk. Numerous studies and experiments have proven that A2 β-casein has the potential to improve a baby's digestive function, promote the absorption of nutrients, and care for the baby's delicate digestive system. Formulas containing A2 β-casein could avoid adverse health reactions (caused by A1 β-casein) to the greatest extent possible. a2 brand has the following versions.

① Chinese version. The Chinese version not only contains A2 protein, but also contains DHA, ARA, nucleotides, taurine, lactoferrin, prebiotics, and other nutrients, the formula is more scientific and more beneficial to the absorption of children. However, stage 2 lacks choline, also known as the "memory factor", which is an essential substance for brain activities such as thinking and memory. Therefore, a lack of choline is not conducive to baby's brain development.

② Australian version. The Australian version is also characterized by the addition of A2 protein, improving the absorption of nutrients. Stage 1 and stage 2 of the Australian version contain DHA, ARA, nucleotides, taurine, choline, prebiotics, and other nutrients. Stage 3 has only added DHA and prebiotics. Compared to the Chinese version, the Australian version Stage 3 contains more DHA.

The A2 protein in a2 infant formula is what attracts Xiaogang and Lily, and the origin of the milk powder is also good. Therefore, they include a2 infant formula in their list of options.

(3) Abbott

Abbott infant formula is a product of the American company Abbott. In more than 130 years of development, Abbott continues to break through innovations to help mothers give their babies better nutrition. Abbott infant formula has four EU-approved food certifications, and passed the inspections of the Entry and Exit Inspection and Quarantine Bureau of China, meeting both Chinese and European standards. Abbott has the following versions.

① Abbott Similac Classic. Similac Classic is made from American milk and produced in China, with DHA, ARA, nucleotides, taurine, choline, and prebiotics added to all stages. Compared to other series of products, Similac classic contains less DHA. It has added lutein, beta-carotene, and other nutrients that are beneficial to a baby's vision development. Stage 3 of the Similac classic version has added sucrose.

② Abbott Similac Plus. Similac Plus is produced from fresh milk from Ireland, and like Similac classic, it has six key nutritional elements added to the formula. However, as an upgraded version of Similac Classic, Similac Plus also adds probiotics to regulate the intestines and promote digestion in addition to the nutrients found in Similac Classic's formula. Stage 2 and above contains sucrose and flavorings.

③ Abbott Eleva Pure. The milk source of Eleva Pure is also from Ireland. All stages of Eleva Pure lack nucleotides, and the DHA content is at the middle level of the same series of products. Eleva Pure has added OPO, which can optimize the absorption of calcium and fatty acid and reduce the probability of constipation. Stage 2 of Eleva Pure has added white sugar and flavoring essence.

④ Abbott Eleva Organic. Eleva Organic's milk source is from Denmark, and the milk base is organic fresh milk. The organic milk powder certification stipulates that at least 95% of the raw materials in the milk powder must be organic, which means that synthetic nutrients cannot be added too much, so Eleva Organic does not add any special fortification formula. Stage 1 of Eleva Organic lacks taurine and nucleotides, while stage 2 and stage 3 lack taurine, nucleotides, and choline. However, Eleva Organic has high DHA content in all stages. The pure algae oil DHA is added to Eleva Organic, which is of high quality, safer, and more beneficial for baby's brain development. Stage 3 of Eleva Organic contains maltodextrin and sucrose.

Xiaogang and Lily concluded that Abbott infant formula contains varying amounts of sucrose, which could lead to dependence on sweet tastes and even picky eating for babies in the long term, as well as increasing the probability of tooth decay and obesity. Therefore, they decided not to consider Abbott infant formula.

(4) Mead Johnson

Founded in 1905, Mead Johnson has a history of over 100 years and is a globally renowned infant and child nutrition brand. Mead Johnson gathers cutting-edge nutritional research and is dedicated to formula development and innovation, providing comprehensive support for infant and child health, from scientific exploration to clinical research. Mead Johnson offers several versions:

① Chinese version. The Chinese version contains the following series: Enfamil, Enfagrow A+, Enfinitas and Enfagrow Gentlease, etc. Except for Enfagrow A+ (imported milk, produced in China), other series are imported from Holland with the original container. The Chinese version has added DHA and ARA, which are closer to breast milk. Enfinitas has added partially hydrolyzed protein, helping to protect the baby's gastrointestinal tract and promote digestion.

② US version. The US version has two main series, Premium and Enfinitas, which are produced and sold in the USA. Enfinitas only has stage 1, and the applicable age of Premium is also different from that of the Chinese version.

According to the information available online, with an exception of stage 1, all other Mead Johnson products have added corn syrup solids, and most of stage 3 and above have also added sucrose, which has reduced the nutritional value of the milk powder. The information that Xiaogang and Lily gathered showed that the Chinese Enfinitas performed well in all stages, so they decide to include Mead Johnson's Chinese version in their list of options.

After comprehensive information collection and considering examples from their surroundings, Aptamil slightly edged out other brands, becoming Xiaogang and Lily's choice. After weighing price and quality, Xiaogang and Lily finally decided to choose the German version of Aptamil among the four versions available.

4. Select the Seller

(1) Offline Stores

After deciding on the brand, Xiaogang decided to check out Sam's Club. The advantages of buying milk powder at offline imported supermarkets like Sam's Club are: they can get the product immediately, the channel is reliable (shipped from Germany), and the product quality is guaranteed. However, the price of the German version of Aptamil at offline imported supermarkets like Sam's Club is higher, about 150 yuan more expensive than the German version of Aptamil purchased through online agents. Even with a supermarket membership, it won't be much cheaper, as the supermarket's operating costs are included in the product price. So Xiaogang decided to choose an online channel.

(2) Online Channels

The online price for the German version of Aptamil is more affordable. There are a lot of stores in the major online malls. However, the evaluation and reputation of each store vary greatly. Therefore, Xiaogang and Lily are especially cautious.

① Taobao. Xiaogang browsed Taobao and found several merchants selling the German version of Aptamil, including the official Aptamil flagship shop and Tmall supermarket. After comparing various aspects, from credit value to shop descriptions, sources of goods, logistics, reviews, and so on, he finally chose a store based in Germany: Youmi Global Shopping for the following reasons.

First, the shop has accumulated four "crowns" of credit, occupying 12,000 followers, and is certified as a "Global Shopper" and "Gold Seller". The official recognition has to some extent built up the honest and trustworthy image of the shop owner. Xiaogang likes the guide and FAQ on Youmi Global Shopping, the content displayed in it greatly increased his trust in the store′s authentic German Aptamil.

Second, the milk powder from Youmi Global Shopping is purchased by the shopkeeper in the major supermarkets in Germany, supporting live video communication, and all the milk powder purchased will be shipped by air. The packing and delivery are supervised and completed by the shopkeeper himself, and safely delivered to the consumer. Each product is attached with a shopping ticket from a local German supermarket. The clear shopping process is easy for Xiaogang to understand.

Third, the shopkeeper has very thoughtfully listed common Q&A for consumers. A large number of positive customer reviews also gives the seller an increasingly stronger image of reliability. The price of the German version of Aptamil Pre from Youmi Global Shopping is 300 yuan, which is the average price on Taobao. The reliable channel and appropriate price made Youmi Global Shopping the choice for Xiaogang.

② JD.COM. Xiaogang also looked up many shops selling the German version of Aptamil on JD.COM, such as Aptamil Overseas Store and JD.COM import supermarket, etc.

Xiaogang chose an official overseas flagship shop: BTN (Back to Nature) according to the criteria he had in mind.

First, this online shop, running a six-year business, has a shop star rating of five and 407,000 fans. Its main business is overseas purchasing, with a guarantee of genuine products and has the certification of JD.COM International, which has greatly enhanced its credibility. Unlike Youmi Global Shopping, BTN's goods are shipped from the integrated warehouse in Banan District, Chongqing, ensuring faster delivery to consumers.

Second, BTN promises that all the milk powder sold has authentic guarantees, including purchase lists and customs declarations, making it safe to buy. A large number of positive customer reviews have increased Xiaogang's confidence. Besides, the German version of Aptamil Pre sold in this shop is priced at 309 yuan, and this shop has also successfully entered Xiaogang's list.

The young couple had very good impressions of the above two online shops, and after some discussion, they decided to purchase on Youmi Global Shopping, as it had a more transparent source and a relatively cheaper price. The only downside was the longer shipping time, but since the baby's birth was still some time away, this factor didn't matter much.

Since they didn't know if the baby would adapt to the German version of Aptamil or if there would be diarrhea, eczema, allergies, or the need for special formula milk powder, they decided to buy only one can first to verify the quality. They received the first can of milk powder 30 days before the baby's birth.

The young couple's son was born smoothly and was lucky enough to be breastfed. As milk powder was only a supplement to breast milk in the first few months, demand was not high, so Xiaogang continued to buy the German version of Aptamil from Youmi Global Shopping. The baby had no issues such as diarrhea or allergies after consuming the milk powder. Xiaogang's shopping experience at Youmi Global Shopping was also smooth. As the baby grows, their milk powder needs will change, and Xiaogang will continue to monitor, compare, and choose.

Case Questions

1. According to the classification of consumer purchasing decisions, which category does milk powder purchase belong to?

2. Analyze the characteristics of milk powder buyers.

3. If you are a shopping guide for a certain milk powder brand in Sam's supermarket, how would you communicate with Xiaogang?

4. If you are the shopping guide of Abbott, how will you persuade consumers to buy Abbott milk powder? (You can search for information about this brand through the official website and other channels)

5. If you are the shopping guide of Yili, how will you persuade consumers to consider Yili milk powder? (You can search for information about this brand through the official website and other channels)

Case 4

The Marketing Strategy Transformation of Yunsheng Music Box

Keywords:

3C Model, Market Segmentation, Target Market Selection, Market Positioning

Case Description

1. Introduction

The history of the mechanical music box dates back to the early 14th century, when the tubular bell, an instrument played with a clockwork mechanism that produced crystalclear sounds, was invented to hang on church belfries. It was once popular in the Netherlands, Belgium and northern France. Switzerland was once the center of this technology.

After World War Ⅱ, Japanese technicians borrowed the Swiss manufacturing technology and made further updates, which not only made the music box much less expensive but also increased production. Subsequently, the music boxes made in Japan defeated those produced by many Swiss manufacturers, gradually forming a global market landscape dominated by Swiss Reuge and Japanese Sankyo.

This situation continued until the 1990s. With China's reform and opening up, the Chinese economy gradually integrated into the international community, and the global mechanical industry began to tilt towards China, including the manufacturing of music boxes. In 1992, China's first music box with independent intellectual property rights was born at Ningbo Yunsheng Musical Gift Co., Ltd. (hereinafter referred to as Yunsheng), marking China's full participation in the global music box market competition.

The development of music boxes is also a historical testament to human civilization. Today, music boxes made by inheriting traditional craftsmanship and combining modern manufacturing technology have become the choice for people to collect emotions, pursue music, and beautify their living spaces, attracting numerous followers.

Yunsheng is a company specializing in the design, development, manufacture, and marketing of music boxes, and is also the only company in China with a unique manufacturing technology for high-grade music boxes. After more than a decade of efforts, Yunsheng has made several updates to the manufacturing technology of music boxes and obtained more than 50 invention patents from many countries and regions. Combining Swiss and Italian traditional craftsmanship and drawing on the essence of artworks, Yunsheng uses its unique manufacturing technology to apply the heavenly sounds of musical mechanics widely in various high-end music box gifts. Yunsheng has made significant improvements in sound quality, volume, composition, and appearance design of music boxes. Currently, Yunsheng music boxes account for 50% of the global music box market share, making it the world's largest music box production and sales base.

2. Gradually Changing Group Purchase Market

The eight-tone musical instrument is a mechanical device that uses mechanical vibrations to produce music, and it is the core component of music boxes and other craft gifts and related toys. In addition to the beautiful melodies, the mechanical beauty is even more captivating. In 1991, Yunsheng achieved a breakthrough in the core component movement of the music box and produced China's first music box with independent intellectual property rights. In 1994, Yunsheng registered the trademark in China, developed the Rhymes music box gift series under the Yunsheng brand, and began to enter the music box gift market. In the 1990s, music boxes mainly relied on group purchases. Yunsheng carried out sales through distributors, corporate group purchases, government procurement, and other channels. However, in recent years, with more variety of gifts available on the market and rapid internet development, the main gift buyers have gradually shifted from group purchases to individuals. As a result, Yunsheng encountered a bottleneck in the growth of the music box gift market, making marketing strategy transformation imminent.

While the group purchase market has been vigorously expanded, Yunsheng is also trying to develop the individual market. Yunsheng opened company-owned stores of music gifts In Ningbo (2001), Shanghai (2003), Hangzhou (2003), Shenzhen (2003), Chengdu (2003), Nanjing (2003), Beijing (2003), and other places. However, since music boxes were relatively niche gifts and generally priced higher than other gifts, and people's income levels were generally not high at the time, store sales had always been weak, and operating income could not cover operating costs such as store rents and labor costs. The rapid expansion did not bring the expected returns to the company, so Yunsheng decisively closed the stores except for a flagship store on Min'an Road in Ningbo, and focused on government and corporate bulk purchases..

In 2012, with the introduction of the government's "Eight Regulations", the budget for gifts dropped sharply, and the same type of gifts are generally rarely purchased repeatedly, so the group purchase market of music boxes became saturated. The competition between music box gift companies was fierce. It was urgent to develop new markets and new marketing channels.

3. Expanding the Consumer Market

After 2010, the post-80s and post-90s generations who had grown up gradually became the main force in individual gift consumption. They pay more attention to convenience and immediacy and are also more accustomed to online shopping, so many gift manufacturers and distributors have moved offline stores to online malls. Yunsheng also decided to open online stores as a new sales channel.

However, should it be entirely online or operate both online and offline? If it were to be entirely online, the convenience of the internet would indeed reach more consumers, but consumers also value the atmosphere and experience of shopping. Although offline stores have a smaller audience, they still have unique value in showcasing real gifts and enhancing consumer on-site experiences. After weighing the pros and cons, Yunsheng decided to adopt an omni-channel marketing approach by operating both online and offline.

In 2014, Yunsheng Rhymes Music Box Flagship Store officially settled in Tmall. However, after a few years of operation, the store remained lukewarm. Although Yunsheng had been in the music box market for more than 20 years and is the largest firm in the industry, the transition from the group purchase B2B market to the consumer-oriented B2C market has encountered many challenges. For example, music boxes account for a small share of the gift market, and sales are not large; many consumers, especially young people, have little knowledge of music boxes. It is even more challenging for online stores to attract customers and stand out among the numerous gift stores. How can the online channels help target audiences better understand music boxes so that they think of Yunsheng when they see a music box? How can music boxes be placed in various scenes to achieve “music box +” and enhance consumers' sense of involvement, thereby promoting consumption?

To attract more consumers, Yunsheng decided to transform the offline sales store into an integrated sales experience store with additional scenario-based settings. In October 2019, it completed the offline store renovation. While maintaining the original overall style in the store, one of the counters was transformed into a music box craft display, and the music box was disassembled into different parts according to the sequence of the craft, allowing consumers to under stand the complete production process of the music box. Yunsheng enhances the overall consumer experience by giving the product more cultural interpretation.

In addition, to provide consumers with a unique music box experience, Yunsheng began to offer customization services. For example, consumers can engrave their own symbols on exquisite music boxes, customize their favorite music, or even compose their own music. The goal is to make consumers feel that the music box is not only a gift but also their exclusive memory.

4. New Online Media Test

Since e-commerce operations have not improved significantly over the years, Yunsheng believes that in order to expand the sales of music boxes, besides using existing sales channels, they also need to utilize online new media to derive new operation models. In

2018, Yunsheng began to establish a new media operations. department, making use of new media channels such as WeChat, official micro, and TikTok, and implementing new media operations in three stages: the first stage is to build a static materials library; the second stage is dynamic, which regularly updates various communication materials such as product photos and videos on various platforms; the third stage is interactive, creating a community, including a membership system, online live commerce, WeChat purchase applets, etc.

At the same time, Yunsheng also tried IP cooperation with popular films, variety shows, and game companies, taking a trendy and youthful approach. In June 2019, Yunsheng collaborated with the Beijing TV program "Meeting the Temple of Heaven." In this program, the music box appeared as a prop.

With the steady progress of new media operations, by the end of 2019, Yunsheng created its official account on major online platforms. During the COVID-19 pandemic in 2020, due to store closures, Yunsheng also launched live streaming with TikTok to create an online community. In April 2020, the company officially developed a membership system, naming different levels of members after various series of music boxes to attract consumers.

5. The Road to the Future

Successful companies have one thing in common: they are strictly consumer-centric and focus on marketing. These companies will: ① have the passion to understand and meet the needs of precisely defined target consumers; ② motivate all employees in the organization to work together; ③ establish lasting relationships with consumers on the basis of creating value for them.

In the face of huge technological changes and severe economic, social, and environmental challenges, the relationship between consumers and companies and other consumers is becoming increasingly digital, and consumers are more cautious about spending money and often re-evaluate their relationship with brands. The new development of digital mobile and social media has completely changed the way consumers shop and interact, requiring companies to adopt new marketing strategies and tactics. In this rapidly changing era, building strong consumer relationships based on true and lasting consumer value has become more important than ever.

Rhymes series music boxes have nearly 30 years of accumulation, exquisite manufacturing techniques, unique artistic taste, and cultural heritage. However, in the face of market changes, consumer behavior changes, and the emergence of online marketing, it is not enough for Yunsheng to simply produce high-quality music boxes to regain its former glory. They must also rely on consumer-centric marketing strategies, continuously create value for consumers, attract and retain them. So, how should Yunsheng achieve a marketing strategy transformation? How to re-segment the market and define and attract target market groups? How to add new elements to the products to meet consumers' personalized needs?

Case Question

1. Should Yunsheng undergo an internet marketing transformation?

2. If Yunsheng chooses to transform into internet marketing, what would be the best plan?

3. Based on your chosen plan, how do you think Yunsheng should proceed?

Case 5

The Innovation of the Time-honored Brand Wangshengda

Keywords:

Brand Value, Brand Innovation, Integrated Marketing, Customer Retention

Case Description

1. Introduction

With the development of new media technology, enterprises′ business environments and models have undergone significant changes. However, some old and established brands have failed to seize the opportunities presented by new media technology and continue to adhere to the principle of "good wine needs no bush", resulting in poor business operations and ultimately exiting the market competition. Many of the time-honored brands in China have difficulty in continuing to make a mark in the market due to their outdated brand communication methods. In 1993, only about 1,600 of the 10,000 time-honored brands in the early days of the founding of the People′s Republic of China remained, and 70% of them were struggling to operate. Therefore, how to gain market favor in the era of new media has become a top priority for the development of time-honored brands.

Wangshengda is a century-old brand in Ningbo, founded in 1889 as a rice store. The founder was Wang Xingru, whose family had a trick to sell rice. In the old days, rice stores would scoop a full liter of rice and then level it off using a rice measuring stick. However, the staff of "Wangshengda" would suddenly stop the rice measuring stick when leveling it off, leaving a corner of rice as a gift to the customer. This principle was maintained for whoever bought rice. As the unit of measurement for rice at that time was "sheng", the brand became known among the locals as "Wangshengda".

In 1993, Wang Xianding founded Ningbo Lu Bao Food Co., Ltd. In 2003, with his. own efforts and the help of the local industry and commerce department, he obtained the trademark of “Hundred Years Wangshengda”, which is one of the first batch of Zhejiang Old Brands. Later, to showcase the spirit left by the old generation, Wang Xianding began to prepare for the construction of the Wangshengda Museum. After four years of preparation, Wangshengda Museum was officially opened. In the museum, people can not only see the original bellows, millstones, and grindstones, but also experience the fun of the primitive agricultural era.

Under the backdrop of new media, Wangshengda actively interacts with new media and constantly expands its influence in Ningbo through the means of new media. In recent years, Wangshengda has cooperated with several WeChat media to release the travel notice of Wangshengda Museum, and also released the basic information and location guidance of Wangshengda Museum on online shopping platforms such as Meituan, so that tourists who are attracted can easily and conveniently find their location. Wangshengda also actively cooperates with local enterprises to hold joint activities, and publishes activity information on its WeChat public account, striving to make more local people in Ningbo aware of this century-old brand. Through the dissemination of new media, the old and established brand “Wangshengda” has grown new shoots, rejuvenated itself, and maintained its vitality in business development.

2. The Challenges Faced by Wangshengda

(1) Difficulty in Meeting New Market Demands for Products and Services

A good brand needs to be based on quality products and services. Innovation for brands starts with innovation for products and services. As living standards continue to improve, so do people's requirements for the products in their daily lives. People's requirements for food and condiments are no longer just about filling their stomachs, but more about whether these products are healthy, high quality, and can improve their living. Although the old brand is honored over time, if the brand owner does not continuously innovate the products and services, the brand will gradually disconnect from the market and even disappear from the market. Since the reform and opening up, the rapid development of the social economy and the increasing variety of products, the diversified brands in the market provide consumers with more and more choices. In addition, the time-honored brands are also facing competition from foreign brands. People with higher incomes often prefer to choose imported food and oil products rather than local ones. How to adapt to the new demands of people in the new era while inheriting traditional craftsmanship is a problem that "Wang Sheng Da" urgently needs to solve.

(2) Intense Market Competition Pressure

Most of the product lines of the old and established brand Wangshengda use ordinary food processing technology, and because the entry barrier is low, the market competition is very fierce.The old Wangshengda in the agri-food processing industry belongs to the manufacturing industry of the secondary industry, data from the National Bureau of Statistics shows that although the investment rate in agri-food processing in 2019 fell by 8.7% compared with the previous year, the amount of investment in new fixed assets was still rising. Meanwhile, many strong enterprises in agrifood processing have emerged in some first-tier cities, with more advanced technology and more capital invested in marketing planning and advertising than SMEs. They gradually dominate the market, and SMEs are facing more and more competitive pressure in the market and are left with less and less room for survival. Many foreign brands are also ambitious to enter the field to get a share of the pie. The product line of Wangshengda has strong substitutability. Although Wangshengda is a long-established local brand in Ningbo, if it does not innovate and keep pace with the market and the times, it is difficult to continue to survive in the increasingly competitive market. That is to say, if Wangshengda wants to survive in the fierce competitive environment, it must continuously innovate the brand to enhance its brand competitiveness and increase its brand value.

(3) Urgent Need to Enhance the Intrinsic Motivation of Brand Value

Most of the time-honored brands are passed on by word of mouth among customers because of their characteristics. This has also caused many time-honored brands to stick to traditional methods. With the continuous development of the times, consumers' needs have become more and more diversified. If the time-honored brand does not interact with consumers for a long time and does not offer new products, it will not be able to attract new consumers, and even the original consumers will gradually lose interest, and eventually, the brand will be forgotten. Research has found that consumers' expectations of the brand are constantly rising, and if the value of the brand does not improve well, it will deviate from consumers' expectations, eventually leading to brand aging. The time-honored brand Wangshengda was in such a predicament before: in Ningbo, the new generation is very unfamiliar with this time-honored brand, and only older people know about it. A single product line can no longer meet the increasingly diversified consumer needs. Only by adjusting its own product line and firmly grasping the new market demand can it keep up with the trend of the times and avoid being eliminated by the market. In today's new media era, traditional marketing through the word of mouth has become outdated and become a constraint to the spread of timehonored brands. Although there is a huge intangible asset behind the time-honored brand, Wangshengda did not make good use of this asset before and failed to make it the core competitiveness of the enterprise.

(4) Lack of Marketing Model Innovation

Most of the time-honored brands promote themselves through traditional media, which still has a certain market, but in the current context of new media, traditional media promotion has become increasingly deserted. Therefore, time-honored brands need to use new media to enhance the visibility of the enterprise and brand, and thus obtain a larger market share. Overall, time-honored brands have innate advantages in the market, but they have not timely enriched their marketing models by using new communication methods. Short video and public account publicity are the means that the time-honored brand Wangshengda can use for publicity. If time-honored brands do not grasp these modern means of communication, they will be easily overtaken by competitors and their market share will decline.

3. Breakthrough of Wangshengda in the Context of New Media: Brand Innovation

In order to survive in a rapidly changing market, Wangshengda not only strives to capture changes in the market environment but also seeks to identify its own shortcomings and make timely improvements. In addition, the owner of this time-honored brand is constantly learning and innovating, striving to keep the enterprise vibrant.

(1) Brand Value Innovation

Enterprises can improve consumers' perceived value and reduce their sensitivity to prices through brand value innovation. Brand value is mainly reflected in differentiation, so enhancing differentiation is the key to improving brand value. Compared with other grain and oil processing plants, Wangshengda has a long history and abundant cultural heritage. Therefore, Wangshengda established a folk museum, to publicize the long cultural history of the brand. In addition, the museum has dedicated staff to provide comprehensive services such as explanation to visitors. This is of great significance in enhancing consumer perceived value.

(2) Technological Innovation

Technological innovation can significantly differentiate the products produced by an enterprise from those of others. The value of time-honored brands lies in its "old" status, but the way out lies in the "new". Only by combining "old" and "new" can it adapt to economic development and market competition. Correspondingly, Wangshengda introduced the refined rice germ oil to the market, becoming the first enterprise in Ningbo to produce rice oil. Compared with other edible oils, rice oil produces less smoke and is healthier, making it a high-quality edible oil.

(3) Business Model Innovation

As a new form of innovation, business model innovation is no less important than technological innovation. Wangshengda innovated a business model by founding a museum.

It has transformed the consumer group from individual grocery buyers to families and organizations. Combining the traditional grain and oil processing plant with the museum, Wangshengda has attracted a group of people who previously knew little about this field. Although the profit model has not changed much, the consumer group has changed. At present, Wangshengda has signed a contract to become its special dealer with the labor union of Haishu District in Ningbo, and Wangshengda Museum has also become one of the recommended bases for the rehabilitation and rest of Ningbo's workers.

(4) Culture Innovation

The premise of enterprise culture innovation is the transformation of business managers' concepts. Wang Xianding noticed the phenomenon of food waste in society and decided to use the museum to influence people's minds and make them aware of the difficulty in obtaining a single meal. The company's business philosophy has gradually shifted from the original focus on benefiting consumers to establishing communication with them. In 2017, the museum launched the "Toy for Rice" campaign, where children could exchange their idle toys and books for rice. The museum would then sanitize and organize these toys and books before sending them to children in mountainous areas, which greatly enhanced the reputation of the time-honored brand Wangshengda.

4. Innovative Achievements of Wangshengda

(1) Increasing Sales

Through new media, the sales of Wangshengda are increasing. In addition to providing original offline shopping, Wangshengda also set up online stores, consumers can also buy the products on WeChat. Beyond that, Wangshengda has also sold products through two electronic business platforms, Taobao and JD.COM, making sales volume grow rapidly.

(2) Enhanced Brand Influence

Since the establishment of the museum, the brand influence of Wangshengda has gradually increased. At present, Wangshengda Museum is not only a place for parent-child activities, but also one of the recommended bases for rehabilitation and rest of Ningbo's workers. In addition, Wangshengda organized activities every year, such as making traditional snacks. Among all folk museums in Ningbo, Wangshengda Museum enjoys high popularity.

(3) Continuous Improvement of Enterprise Scale

According to the published data, the registered capital of Ningbo Lubao Food Co., Ltd. in 2019 has increased several times compared to the subscribed amount at the time of registration in 1996, and its enterprise scale has also greatly expanded. At the same time, the time-honored Wangshengda is still working to expand its brand influence.

Case Questions

1. What do you think is the brand value and positioning of Wangshengda?

2. In the context of new media, what are the main problems faced by Wangshengda?

3. Are the marketing innovation measures of Wangshengda effective? How do those measures influence consumers' brand association and brand image?

4. What do you think are the characteristics of Wangshengda in the promotion of time-honored brands? What lessons can other time-honored brands learn from this?

5. How do you think time-honored brands and new media can be properly integrated? What inspirations can this integration provide for the development of other time-honored brands?

Case 6

The Dusk Here Is Quiet: Yonghui Supermarket's Business Model Reform

Keywords:

Retail Model, Business Model, Marketing Positioning, Pricing Strategy

Case Description

1. Introduction

Yonghui Supermarket's financial report showed that in the first three quarters of 2021, Yonghui Supermarket achieved an operating income of 69.835 billion yuan, a year-on-year decrease of 3.90%; the net profit loss attributable to the parent company was 2.178 billion yuan, a year-on-year decrease of 207.37%. Yonghui Supermarket attributed the decline in performance mainly to internal and external factors: Externally, it was mainly affected by the "low-price expansion of community group buying" and "prevention and control of the COVID-19 pandemic"; Internally, it was mainly affected by the company's "active structural adjustment and destocking".

Corresponding to the cliff-like decline in performance is the plummeting stock price. The market value of Yonghui Supermarket reached a peak of 100 billion yuan in April 2020, becoming the first chain supermarket in China with a market value exceeding 100 billion yuan. However, unexpectedly, Yonghui Supermarket's stock price began to plunge immediately afterwards. By September 2022, the market value was only over 30 billion yuan. In addition, the debt funding situation of Yonghui Supermarket also faced significant problems. In the first three quarters of 2021, the debt-to-asset ratio of Yonghui Supermarket reached 82.18%, far exceeding the warning line. What happened to Yonghui? Why did it compete with online e-commerce for more than a decade, and its market value even exceeded 100 billion yuan at one point, but suddenly plummeted?

2. Starting with Fresh Food: A Business with Hard Work and Low Profit

Starting from fresh food, Yonghui Supermarket is known as "number one fresh produce stock." Zhang Xuansong, the founder of Yonghui Supermarket, entered the retail industry in 1995. He opened a supermarket called Gule Weili in Gulou District, Fuzhou. In July 2000, Zhang Xuansong opened Fuzhou's first professional fresh food supermarket "Yonghui Pingxi Supermarket", which was one of the first supermarkets selling fresh food in China. From the beginning, Yonghui Supermarket has established a business positioning that focuses on fresh produce, with fresh produce accounting for 50%-70% of the total supermarket area. With its experience in the retail industry and advantage in fresh produce management, Yonghui Supermarket carved out a bloody path when international retail giants flooded into China.

The reason why fresh produce retail is a tough business with thin profit margins is due to several factors. First, the loss rate of fresh food is very high. Root vegetables have a relatively long shelf life, but most leafy vegetables wilt after a day or two. Meat lasts a little longer, but as long as it's not the freshest, no one wants it. Second, the cost of fresh food logistics is high. The transportation of fresh food often requires a high-cost full cold chain. Third, supply chain management is extremely difficult. The temperature required for the freshness of different varieties is different, and the required humidity is also different. Poor supply chain management not only affects cost management, but also hurts brand reputation. The result of the combined effect of various factors is that the profit margin of fresh food is small, and standardization is extremely difficult. Even if a brand can be formed, it is difficult to make a brand premium considering the extreme price sensitivity of fresh consumer groups. Nevertheless, in China, buying vegetables and cooking every day is a deep-rooted obsession, which is leaving the fresh food industry an advantage: "rigid demand + high frequency".

3. Intensive Cultivation: Fresh Food Supply Chain

The main characteristics of fresh products are short shelf life, non-standardization, seasonality, and regionality, so the supply chain requirements are extremely demanding. The circulation of fresh produce in China mainly relies on the traditional supply model of urban agricultural markets and some direct supply models through agricultural supermarkets. Fresh food passes through multi-level retailers from the production end to the consumer, resulting in extremely low circulation efficiency. The lack of communication between upstream and downstream information makes it impossible to accurately meet consumer demands, and the operation of circulation links is not standardized, and the cold chain system is incomplete, further increasing losses.

The characteristics of fresh products determine that their logistics requirements are high and losses are high. Therefore, each link of circulation needs to be finely controlled in quality. Among supermarket enterprises, the supply chain capability of Yonghui Supermarket has always been recognized by the industry. Beginning in 2014, Yonghui Supermarket has gradually tied up upstream suppliers through joint ventures and equity purchases to achieve lock-in of interests with upstream suppliers. In terms of procurement, there are fresh food research and development centers and fresh food procurement teams with more than 1,000 persons distributed in more than 20 agricultural product bases across the country; it has formed a national unified procurement + regional direct procurement system, emphasizing direct procurement at the source and reducing intermediate link losses. The proportion of fresh direct harvesting exceeds 70%, and the loss rate of fresh food is only 3%. In the downstream sales terminal with the most serious loss, Yonghui supermarket incubated the food supply chain brand "Yonghui Fresh Food" internally in 2015, which increased the added value of products and improved the distribution efficiency by pre-processing part of fresh products, realized two deliveries a day for ordinary stores and three deliveries a day for stores in advantageous areas. Yonghui Supermarket also configures various storage warehouses, including constant temperature, room temperature, and frozen storage, to meet the needs of different product categories.

From the upstream procurement, to midstream transportation and warehousing, to downstream classified sales, the extreme compression of supply chain costs is reflected in the terminal that can sell fresh food at a price lower than the wet market, and truly achieve high quality, high freshness, low prices, and low losses. By expanding the user scale through low prices, the upstream cost is reduced in turn, forming a good cycle of steady and continuous expansion of stores. If all goes well, the future of Yonghui supermarket will be bright.

4. Pilot: Traditional Supermarkets Deploy New Retail

Since 2016, Yonghui Supermarket has been exploring new retail layouts in response to changes in the times. For offline business, in 2017, to compete with Freshippo, Yonghui Yunchuang launched Super Species, bringing together high-quality products from around the world, and trying to create a series of workshops for "retail + catering + App" experiential consumption. At the end of 2018, Yonghui Supermarket launched Yonghui mini to compete with community fresh food brands such as Yipin Fresh and Aunt Qian, and gave the slogan "Yonghui at your doorstep, fresh Yonghui". In 2021, Yonghui launched the Yonghui Warehousing Membership to compete against Wal-Mart and Sam's Club. As of the end of June 2021, the number of warehousing stores has reached 20. In terms of online business, Yonghui Supermarket has developed Yonghui Life App and cooperated with third parties to carry out delivery business.

However, Super Species experienced high opening costs and low profitability, suffering losses repeatedly. In 2019, Super Species faced a wave of store closures, which greatly damaged the vitality of Yonghui Supermarket. The rivals that Super Species faced were not only Freshippo, but also Suning Fresh, 7Fresh, and many other competitors. The e-commerce giants were willing to provide huge subsidies, causing Super Species to ultimately fall behind. The distribution of Yonghui Supermarket stores is wider than that of membership-based supermarkets and is more suitable for mass consumption. However, the Super Species's positioning was high-income consumers, and most of them were located near office buildings and high-end shopping malls. However, in terms of product categories, offline operation experience, and attractiveness, it had no obvious advantages in competition with Sam's Club, Freshippo, and Wal-Mart. In April 2021, the Super

Species was completely closed. Yonghui mini, which was similar to the convenience store, once held the slogan of "Yonghui at your doorstep". However, like Super Species, Yonghui mini, which had experienced a high-profile opening, large-scale expansion, and adjustment, had not escaped the fate of closure. After closing 302 stores in the second half of 2020, Yonghui mini stores closed 86 stores in the first quarter of 2021. So far, there are only 70 Yonghui mini stores left.

5. Community Group Purchase Market

In the past few years, the biggest competitive edge for fresh food supermarkets to survive the challenge of e-commerce is that fresh food is a category that is difficult to operate online. The high losses and non-standardized operations of fresh food, the extreme complexity of the supply chain, and the high cost of immediate delivery contributed to the low market share of fresh e-commerce.

As restaurants, vegetable markets, and green markets were closed due to the COVID-19 pandemic, fresh food supermarkets had become one of the few choices to ensure residents' daily meals. For health and safety reasons, many consumers choose to buy food online, and sensitive business giants have taken advantage of the situation to lead a subversive retail business model of community group purchases. Compared with fresh e-commerce, community group buying can be summarized as: pre-sale, next-day delivery, and self-pick-up, and these three points support the low price and high efficiency of community group buying.

The operation cost of community group purchases is relatively low. This mode mainly uses small stores or community residents as the head, and invests less front-end fixed assets (using the original Cainiao station or Tmall store, there is no additional burden of the establishment of physical stores. Self-pickup can reduce logistics costs); the loss is relatively small(under the pre-sale mode can be targeted to stock); expenditure to attract consumers is low(by the head of the offline consumer soliciting). Most importantly, self-pickup solves the problem of high immediate delivery costs, which is the biggest problem of fresh e-commerce. In addition, community group purchases focus on ultra-low prices, adopt the pre-sale model, and provide consumers with highly cost-effective products with the help of accurate prediction on the internet platform, thus attracting a large number of budget-conscious consumer groups.

Meituan, Pinduoduo, and other Internet giants concentrated in the field of fresh community group purchases. According to statistics, Xingsheng has covered nearly 200 prefecture-level cities in 18 provinces, while Meituan, Duoduomaicai, and Chengxin have covered more than 300 prefecture-level cities. Moreover, these giants have begun to penetrate the county-level market.

Yonghui Supermarket initially targeted middle-aged and elderly consumer groups who like low prices and fresh vegetables, while also driving overall supermarket sales with low-frequency, high-consumption middle and high-income consumer groups. The largescale entry of community group purchases directly took away the main consumer of Yonghui supermarket, which made the fresh products of Yonghui Supermarket less attractive, and the solid business barriers established in the past were challenged. the consumer groups of Yonghui Supermarket are mainly middle-aged and elderly people, the consumer groups of fresh e-commerce are relatively young with low price sensitivity, and the target consumer groups of the two seem to have a low degree of compatibility. However, a large number of community group purchase users are middleaged people who are sensitive to price, and they have become the main target group for Yonghui Supermarket and fresh e-commerce, which is the biggest challenge that Yonghui Supermarket has faced in the context of community group purchases.

6. Reflection: What Is the Way Out?

Thanks to its economies of scale and precise operations over the past decade, Yonghui Supermarket has only achieved a profit margin of 1% to 3%. However, facing Internet giants who are willing to invest tens of billions to bet on community group purchases, Yonghui Supermarket′s problem is far from “how to transform”.

The decline in Yonghui Supermarket's performance began in the third quarter of 2020, coinciding with the rise of community group purchases. The category and pricing strategy of Yonghui Supermarket is based on fresh food collocation to drive sales of other categories, and its fresh food category has been hit the hardest by the layout of community stores and community group purchases. How to meet the challenge of massive subsidies from the Internet giants is a problem that Yonghui Supermarket still cannot ignore in the future.

The retail battlefield has been constantly adjusting and evolving. Today's retail industry is still in a stage where various online and offline formats compete with each other. From a fresh supermarket giant to an enterprise with huge losses, Yonghui Supermarket had gone from a leader in the industry to a laggard. It has also tried to keep up with the trend by adopting radical strategies and trying various new retail formats, but it has ultimately failed to find the right direction and rhythm. In every corner of the retail industry, dusk always quietly descends.

Case Questions

1. Analyze the different stages of fresh products operation in China in the past 20 years, and the transformation process of Yonghui Supermarket from traditional retail stores into new retail formats.

2. Analyze the target consumers and pricing strategy of Yonghui Supermarket.

3. What countermeasures should Yonghui Supermarket take in the face of community group purchases?

Case 7

Kitchen Garden-self Anywide: The O2O Transformation of Anywide-Agriculture

Keywords:

Marketing Transformation, Online and Offline Integration, Marketing Strategy and Tactics

Case Description

1. Introduction

Anywide Agriculture Business Department (Anywide-Agriculture) was established in early 2012. Its predecessor was three state-owned agricultural farms (Dalian Dairy Farm, Dalian Lingqian Farm, and Dalian Huaqiao Fruit Tree Farm) governed by Anywide Group. Anywide Group was the only state-owned agricultural and reclamation enterprise in Dalian and the national key leading agricultural development enterprise. Anywide-Agriculture shoulders the important social responsibilities as a state-owned agricultural reclamation enterprise. Since its establishment, it has taken the mission of "building a modern agricultural ecological system for Dalian" and "making Dalian citizens eat with peace of mind and happiness", and it has established multiple food safety projects, including Anywide safe vegetable project.

In 2008, against the backdrop of the frequent food safety incidents and the increasing public anxiety about food safety issues, Anywide Group took the lead in proposing the construction of a safe vegetable project, which was dedicated to solving the problem of abusing fertilizers and pesticides as well as soil pollution in the process of vegetable planting. It uses a more environmentally friendly method to efficiently produce green and healthy vegetables, allowing Dalian citizens to eat safely and with peace of mind. In the next four years, Anywide Group invested 120 million yuan to actively cooperate with professional scientific research institutions, agricultural material suppliers, farmers with rich planting experience, and authoritative quality monitoring and inspection agencies in aspects such as vegetable growth cycle control, planting standards, fertilizer and pesticide use standards, and other precautions.

In August 2012, Anywide-Agriculture invested an additional 280 million yuan to fully promote the industrial layout of Anywide safe vegetables. On the one hand, it registered the "Vegetable Time" trademark and quickly open the market with a branding strategy. Sales revenue (second half) was 6.8 million yuan in 2012, 21 million yuan in 2013, and 43.3 million yuan in 2014. On the other hand, it formed a safe vegetable supply and marketing system based on the model of "base construction + channel construction + distribution supply + direct sales" and a vegetable safety guarantee mechanism of "full-process tracking, and monitoring and inspection by third-party authoritative inspection agency", as shown in Figure 7.1.

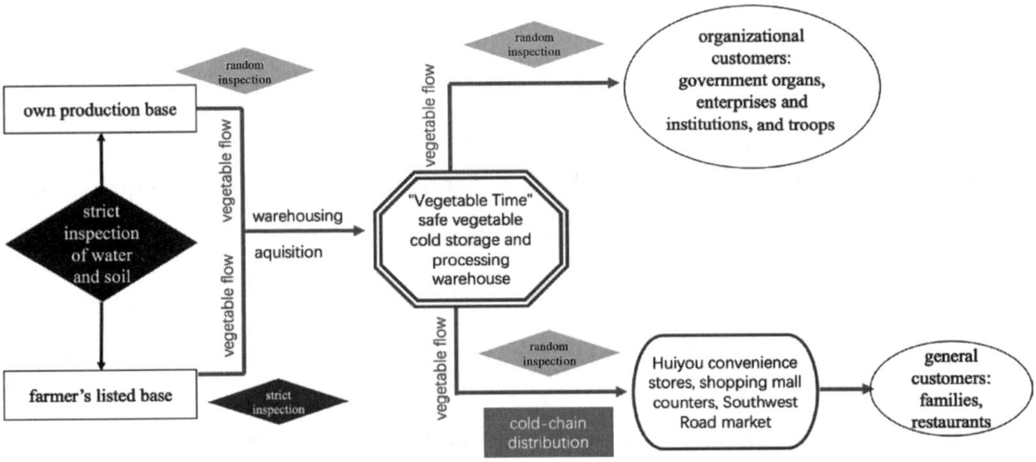

Figure 7.1 Anywide–Agriculture Safe Vegetables Circulation Diagram

2. Anywide-Agriculture's O2O Transformation Opportunity

Since the official launch of Anywide safe vegetables in August 2012, the growth of its sales revenue has mainly relied on the support of large customers such as government agencies and various enterprises and institutions. However, the retail sales reflecting Sanhuan's market competitiveness only account for less than 10% of the total sales revenue, contributing less than 5% to the growth of sales revenue. In 2015, the retail sales even experienced negative growth. More seriously, by the end of the first quarter of 2015, Anywide-Agriculture had almost developed all potential large customers, leaving little room for growth. At the same time, due to the impact of local collectively-owned green farms and publicprivate partnership ecological plantations, Anywide-Agriculture also faced the risk of losing large customers. This means that the B2B sales have reached their limit, and if the decline in the retail sector cannot be reversed, the sales performance of Anywide-Agriculture's safe vegetables in the coming years will not be optimistic, and the previous achievements will be exhausted.

In addition, major e-commerce platforms have begun to layout in the local vegetable and fresh food market, which had a huge impact on Anywide-Agriculture. Anywide-Agriculture began to pay attention to fresh food e-commerce as early as 2013. Due to factors such as the preservation period, difficulty in quality control, cold chain costs, and distribution radius, the fresh food business was limited to the local market. While large e-commerce companies only focus on seafood and meat with relatively high added value, or rice, noodles, grains, and oils with relatively long fresh-keeping cycles and low requirements for cold chain distribution. It was difficult for them to sell local fresh fruits and vegetables. However, local small and medium-sized e-commerce companies lacked mature and stable hierarchical distribution, cold chain facilities supported by a supply chain, and a complete logistics distribution system, so their costs and losses were very high. Therefore, they had not been able to pose a real threat on physical enterprises. Moreover, because of lacking sufficient transparency in the source of supply and the imperfect quality inspection and supervision mechanism, consumers did not have a high recognition of local small and medium-sized e-commerce fresh businesses. Based on the above views, Anywide-Agriculture believed that e-commerce would not change the pattern of the local vegetable market, and it was unable to threaten Anywide-Agriculture.

However, with the continuous heating up of concepts such as "Internet+" and "O2O" and the frantic pursuit of fresh food e-commerce from the investment market, Anywide-Agriculture had no option but to modify its previous cognition. On the one hand, large e-commerce companies had invested heavily in the layout of offline fresh food industrial chains, improved the cold chain logistics and distribution system, constantly explored ways and methods to integrate online with offline, and tried to build a"new model" of an e-commerce platform for fresh food marketing, thus achieving comprehensive penetration of the local fresh food market. On the other hand, emerging vertical fresh food e-commerce companies had cooperated with the capital to launch a fierce attack on the local fresh food market. It would only be a matter of time before fresh food e-commerce penetrated Dalian. In addition, the rapid development of social platforms such as WeChat and Weibo has greatly reduced the threshold for fresh food e-commerce. A large number of individual e-commerce/WeChat businesses emerged, and they had also taken a slice of the local fresh food market. Although these e-commerce companies were still in the investment stage and could not achieve profitability, their business models were becoming increasingly popular with consumers, especially the young and middle-aged white-collar workers in urban areas. Under this situation, Anywide-Agriculture had reached the crossroads of marketing model transformation.

3. Anywide-Agriculture O2O Transformation Trail

From June to August 2015, there had been a heated discussion within Anywide-Agriculture on whether to carry out an O2O marketing transformation. The management agreed that O2O transformation was the general trend in the long run, but there was no possibility of profitability in the short term, and the rash entry would cause huge operational risks for the company. Moreover, the current O2O in the fresh food field was highly homogenized. Anywide-Agriculture should make full use of the enterprise's rich land resources and carry out a small-scale O2O transformation trial with core characteristics.

At the end of August 2015, after three months of intense internal discussions, the decision-making team of Anywide-Agriculture decided to officially launch the O2O marketing transformation trial project "Kitchen Garden-self Anywide", and allocated 5 million yuan as the project's start-up capital and 87 mu of land in the Yinggeshi area in the suburbs of Dalian as the first-phase plantation base.

At the beginning of September 2015, the top-level design of Kitchen Garden-self Anywide's business model was completed. Starting from the concept of "letting citizens take control of the safety of the vegetables on their table" and the basic operation idea of

"Yunke System (membership system) + home delivery", Kitchen Garden-self Anywide was committed to providing members with one-stop butler service including "professional agricultural knowledge guidance + full participation experience + full traceability" from seeds to vegetables, and from sowing to the table.

(1) Service/Business

Kitchen Garden-self Anywide provided five major services.

The first was subscription to exclusive plots. For consumers willing to enjoy the services of Kitchen Garden-self Anywide, they must subscribe for exclusive plots in the plantation base and thus become a "Yunke(member)". The first phase of the Kitchen Garden-self Anywide project planned a total of 22 greenhouses including 242 plots, and each plot took 48 km^2. The subscription fee was 12,800 yuan every year, and the annual output of safe vegetables exceeded 350 kg, which could meet the vegetable consumption needs of a family of three for one year.

The second was basic services: garden management and planting guidance. In Kitchen Garden-self Anywide, members could communicate face-to-face with professional and technical personnel, and enjoy skilled planting technical guidance and round-the-clock garden trusteeship. They could also check the vegetable growth, fertilization status, harvest notice, (new) planting tasks, vegetable delivery logistics, and related historical information of their gardens at any time through the mobile phone App.

The third was quality control, packaging, and delivery. This service was mainly completed with the assistance of the agricultural service company of Anywide-Agriculture and the logistics fleet of Anywide's commercial service department. In terms of quality control and packaging, the same standards were adopted for both vegetables from Kitchen Garden-self Anywide plantation base and Vegetable Time. In terms of distribution, the company entrusted Anywide's logistic fleet to provide full cold chain delivery, minimizing vegetable losses during transportation.

The fourth was the value-added service of vegetable trading. Considering that there were certain variations in the vegetable demands of different members, Kitchen Garden-self Anywide specially set up an intermediate trading platform to allow transactions between members, solving the problems of "not enough" or "too much" for different members.

The fifth was the after-sales service of customer opinion management. Kitchen Garden-self Anywide was committed to providing professional and thoughtful butler-style planting services for members, which required the opinions of members at any time to make timely adjustments and improvements. To this end, Kitchen Garden-self Anywide set up a professional customer service department and feedback channels to collect, sort, and analyze the opinions of the members at any time and maintained a good communication with them.

(2) O2O Operation

The project team (i.e., the strategic planning team) entrusted a professional IT company to design and develop the exclusive App for Kitchen Garden-self Anywide and connected the App with the camera network of the plantation base to create an online planting platform. The basic services provided by the plantation base could be seamlessly connected with App functional modules to form an O2O business module architecture centered on "real experience + virtual operation", as shown in Figure 7.2.

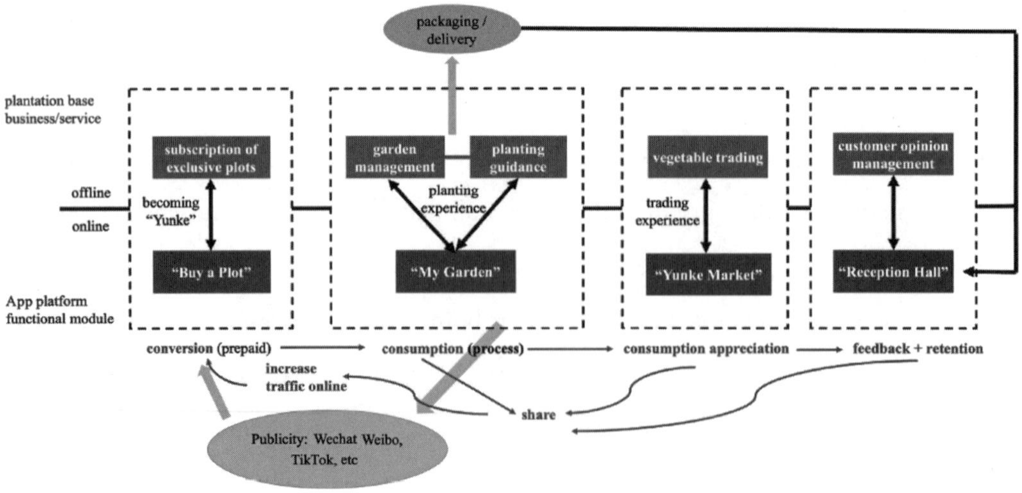

Figure 7.2 Kitchen Garden–self Anywide Business Module and Value Realization Loop

(3) Profit Structure

① Income. In accordance with the basic operation idea of "Yunke System (membership system) + Home Delivery" and the project's business/service module design and planning, there would be two main sources of income for Kitchen Garden-self Anywide. The first was the annual fee of Yunke members, i.e. the land subscription fee of 12,800 yuan every year per plot. This part of the income was the main source. The second was the service fee for Yunke Trading, including the delivery changing fee and trading platform service charge. For every 500g of vegetables traded, the seller would pay a transaction service charge of 0.5 yuan, and the buyer needed to pay 0.5 yuan for changing the delivery destination.

② Cost. The operating costs of Kitchen Garden-self Anywide would be composed of six items, including personnel salary expenditures, App and camera network maintenance costs, advertising fees on social platforms such as WeChat, Weibo, and TikTok, payment to agricultural service company on seeds, agricultural materials and equipment rental as well as vegetable rough processing and packing, cold chain distribution fees paid to Anywide logistics fleet, and quality inspection fees paid to the Quality and Technical Supervision Bureau of Dalian.

4. Problems Emerged

In January 2016, after nearly 5 months of preparations, the Kitchen Garden-self Anywide project went online for trial operation. The advertising slogan "With only 12,800 yuan, you can become an urban farmer, experience the fun of farming, and harvest over 350 kilograms of safe vegetables from 22 varieties per year, which can meet the annual vegetable consumption needs of a family of three" and carefully elaborated promotional video helped Kitchen Garden-self Anywide quickly become popular among Dalian office workers, and the project attracted a large number of middle-class families and urban white-collar workers in Dalian who had high requirements for the quality of life to visit the base for consultation.

As of early April 2016, one quarter since the project's online operation, the Kitchen

Garden-self Anywide project had received more than 3,000 visitors, and the number of telephone inquiries exceeded 10,000. A total of 148 plots were subscribed, accounting for 61.2% of the total 242 plots planned for the first phase. This number far exceeded the "40% subscription rate" expected by the project team and decision-makers. In a short time, Kitchen Garden-self Anywide became the new business star of Anywide-Agriculture, and it had a huge potential to replace Vegetable Time as the enterprise new "image spokesperson".

However, the strong growth momentum did not continue, and the specific problems are manifested in the following aspects.

First, growth stagnated. On the one hand, the number of inquiries declined continuously. On the other hand, the subscription of new plots almost stagnated. From May to November 2016, there were only 33 newly subscribed plots, with an average monthly increase of fewer than 5 plots, in sharp contrast with the popularity of the first quarter.

Second, the cost remained high. In addition to fixed costs such as personnel salaries, and fees paid to cooperation units and third-party quality inspection agencies, the upgrade and maintenance costs of the App and base's camera network continued to rise, spending more than 200 thousand per month, and this cost kept a 3% growth rate so that the Kitchen Garden-self Anywide project was unable to achieve profitability and the loss was getting worse. By the end of 2016, the total annual loss was 3.8 million yuan.

Third, the loss of customers was severe. Since July 2016, the customer reception center of Kitchen Garden-self Anywide had received various complaints calls. Although the reception center organized several user return visits, the situation did not improve but tended to deteriorate. By the end of 2016, more than 85% of the old Yunke members explicitly stated that they would not renew their subscription, and the conversion rate of new Yunke members was less than 2%, hitting a new low.

There were indications that in the upcoming 2017, the huge loss of over 8 million yuan would be a certainty unless a miracle happened. Under huge internal pressure, the Kitchen Garden-self Anywide project team carefully analyzed the current problems and actively explored solutions, carrying out investigation and analysis from two aspects: profit structure and customer feedbacks.

(1) Profit Structure

The project team conducted a comprehensive comparison and careful analysis of the 2016 monthly financial statement data of the Kitchen Garden-self Anywide project and found that the profit structure of the project was seriously unbalanced.

① The source of income was single, and the growth space was limited. The business activities of Kitchen Garden-self Anywide were conducted by the idea of "Yunke System (member-ship system) + Home Delivery". The annual membership fee accounted for more than 98% of the total project revenue. Over-reliance on subscription fees would inevitably lead to a worrying future for the project.

② There were many sources of costs with rapid growth. There were six major sources of costs for Kitchen Garden-self Anywide. In addition to fixed costs such as personnel salary expenditures and fees paid to the third-party assistances, the upgrade and maintenance fees for App and the base's camera network continued to rise, which was the direct culprit that pushed up the total cost. The project team found that the reason for the continuous increase in the upgrade and maintenance fees of the App and camera network was that the number of users exceeded the limit. A large number of guests downloaded the App, registered, and used the function of "all-weather viewing" and "historical backtracking" to remotely watch the production conditions of vegetables in plantation bases and query early planting records, although they did not subscribe to plots and were not Yunke members. This led to a long-term overload of the App's background operation, and the project team had to continue to add maintenance funds and upgrade the App.

(2) Customer Feedbacks

The project team analyzed the received complaints one by one, and meanwhile conducted comprehensive return visits with both new and old Yunke members and sample interviews with potential members, inquiring about their views on the project.

The results showed that members had a high recognition of the business philosophy of Kitchen Garden-self Anywide, i.e., "experiencing the joy of farming throughout the process", while the problem lay mainly in the details of the business module settings. The direct reason for the continued decline in the conversion rate of new Yunke members was the decline of the project's reputation among old members. Yunke members' dissatisfaction mainly focused on aspects such as food discontinuation, monotonous experience, Yunke trading system, and Yunke system.

In addition, potential Yunke members — "Vegetable Time" safe vegetable membership recharge card users also had many complaints about Kitchen Garden-self Anywide, which was not previously considered by the project team. The dissatisfactions of users who recharged the Vegetable Time membership card mainly focused on aspects such as the Yunke system and Yunke exclusive planting experience.

5. Business Rectification

In February 2017, after collective discussion and scientific planning, the decision-making team of Anywide-Agriculture took the following business rectification measures in response to various problems in the operation of the Kitchen Garden-self Anywide project in 2016.

(1) Don't Be Greedy

The operating status of Kitchen Garden-self Anywide in 2016 showed that blind inflow was not beneficial to revenue growth. In response to this, the project team closed the free registration authority and usage authority of the App. Only Yunke members who paid the subscription fee could register and use it, and the user who recharged the Vegetable Time membership card could register and use partial functions. At the same time, the "Customer Opinion Management" service module was improved.

(2) Walk on Two Legs

The original intention of Anywide-Agriculture to launch the Kitchen Garden-self Anywide project was to find a solution to the dilemma of Vegetable Time's vegetable retail. The two brands should not be separated for a long time but be complementary and connected. In this regard, firstly, the decision-makers of Anywide-Agriculture asked the Vegetable Time team to intervene in the operation of the Kitchen Garden-self Anywide project. The two plantation bases were merged, and the production capacity was interconnected. Secondly, the restrictions on the use of the trading platform of Kitchen Garden-self Anywide were released, and Vegetable Time members were allowed to use the recharge amount of the membership card to purchase Yunke members' self-produced vegetables. Thirdly, Vegetable Time members were given the treatment of prospective-Yunke members, and they were regularly organized to experience farming and picking at the plantation base, aiming to convert the quasi-Yunke members into formal Yunke members as much as possible.

(3) Flexible Subscription and Loosening of Trading Restrictions

On the one hand, the plot subscription system was modified, and the subscription fee for unit plots was adjusted from 12,800 yuan/year to a multiple subscription system of "1,500 yuan/month + 4,200 yuan/quarter + 7,800 yuan/half year +14,400 yuan/year". The membership title was also adjusted from the original "Yunke" to "Yunshanke/Yunzhongke/Yunke/Chief" accordingly.

On the other hand, the trading system and restrictions on Yunke members' exclusive experience were released. The specific manifestation was the addition of the "Citizens' Fair" and "Tribal Carnival" functional modules in the App, allowing users of Vegetable Time membership cards to purchase Yunke members' self-produced vegetables and enjoy discounts.

(4) Vertical and Horizontal Approach

The core of the O2O model is customer experience. In response to Yunke members′ feedback on the monotonous base planting experience and the lack of parent-children activities, the Anywide-Agriculture decision-making team put forward a "one vertical and one horizontal" customer experience innovation plan.

The first was the vertical customer experience innovation. Based on the original farming experience, four new experience activities were added: Yunke Family Competition, Parent-Children Class, Agricultural Fun Activities, and Agricultural Knowledge Popularization.

The second was the horizontal customer experience innovation. The decision-making team decided to add 180 million yuan to invest in the construction of Anywide Ranch on a land of about 1.6 km^2 extended from Kitchen Garden-self Anywide plantation base. It was built as an urban agricultural sightseeing area that covered grazing, fishing, outdoor camping, open-air barbecue, forest landscape and other themes, providing customers with a full range of farming experiences of farming, forestry, animal husbandry, and fishery.

6. Epilogue

In April 2017, the Kitchen Garden-self Anywide project started a comprehensive business rectification, and the basic business aspects gradually improved.

Throughout the year 2017, the first quarter without implementation of the rectification plan had a loss of 980,000 yuan, accounting for 47.8% of the annual total loss; the second quarter had a loss of 640,000 yuan, accounting for 31.2%, a decrease of 34.7% compared with the previous quarter; 270,000 yuan was lost in the third quarter, a proportion of 13.2%, decreasing 57.8% compared with the previous quarter; 160,000 yuan was lost in the fourth quarter, accounting for 8.7%, a decrease of 40.7% compared with the third quarter. It can be seen that in the first year of implementing the restructuring plan, the effect was significant.

In 2018, the project achieved the basic goal of break-even, with a full-year profit of 310,000 yuan, mainly from a profit of 163,000 yuan in the second quarter and 128,000 yuan in the fourth quarter. There was no significant profit in the first and third quarters.

By the end of January 2019, all 242 plots of the first phase of the Kitchen Garden-self Anywide base had been subscribed, and the number of Yunke members exceeded 600.

Case Questions

1. What are the consumption attributes of fresh vegetable products? What are the characteristics of the traditional fresh vegetable industrial chain? Why is the retail of fresh vegetable products suitable for the O2O model?

2. How was the Kitchen Garden-self Anywide project implemented, and what are the characteristics of its sales model and profit model?

3. What problems did Kitchen Garden-self Anywide encounter in the first year of trial operation? What is the root cause of these problems?

4. What adjustment measures has Anywide-Agriculture applied? Can these measures completely solve the problems of O2O transformation?

Case 8

Road to Success of Live Streaming on Xiaohongshu

Keywords:

Marketing Channels, Characteristics of Direct Marketing, Consumer Purchase Decision Process

Case Description

1. Introduction

In today's constantly evolving Internet technology, users can use the Internet to publish and update information anytime, anywhere. Therefore, new social media has attracted more attention and accumulated a large user group. Social media companies use big data to analyze users' behavior and psychology, and gradually evolve from simple chat social applications to marketing applications with business opportunities.

With the advancement of Internet technology, live streaming has shown a rapid growth trend. Live streaming is a new high-interactive video entertainment. Today live streaming platform has entered the era of "go, watch and broadcast". An increasing number of people are willing to participate and share their lives. In this context, a live streaming marketing model that combines live streaming and marketing is emerging, such as TikTok, Xiaohongshu, and Weibo. Unlike traditional marketing, this model can not only meet the various needs of consumers to the greatest extent, but also allow users to have a more systematic and intuitive understanding of brands and products, as well as increase consumer loyalty. Consumers' utilization of some fragmented time is constantly promoting the development of live streaming marketing model.

Xiaohongshu was founded in 2013 and upgraded from a community to e-commerce, finally forming a business closed loop of "community + e-commerce". In 2019, users of Xiaohongshu exceeded 200 million, and the growth rate of Xiaohongshu is quite amazing.

2. Development of Xiaohongshu

Since 2013, the development of Xiaohongshu has gone through three stages as follows.

(1) Exploration Stage

From June 2013 to November 2014, Xiaohongshu did not have an appropriate position and development direction. At that time, Xiaohongshu paid more attention to users′ sharing of travel and shopping, and also launched an overseas shopping-sharing community. Because these sharing have accumulated huge users and an excellent reputation, the popularity of Xiaohongshu is also beginning to improve, which has laid a good foundation for Xiaohongshu′s marketing transformation.

(2) Transitional Stage

From December 2014 to April 2017, the “Welfare Society” e-commerce platform was officially launched on Xiaohongshu, which upgraded Xiaohongshu from community to e-commerce, and completed the business closed loop. Xiaohongshu also released global rewards and cooperated with many foreign brands to become a wind vane for outbound shopping. At the same time, to further promote the market, Xiaohongshu has also launched a live streaming module, and some Internet celebrities have begun to do live streaming on Xiaohongshu.

(3) Development Stage

From May 2017 to the present, Xiaohongshu has found a suitable live streaming marketing model. To ensure the efficiency of the logistics and after-sales of live streaming, a complete international logistics system is officially launched where consumers can find the accurate location of their goods. This was quite attractive to many consumers. In June 2017, Xiaohongshu′s sales on its third anniversary exceeded 100 million yuan. After that, Xiaohongshu launched several platforms including a recommendation platform and interactive live streaming platform, and also released an honor list of the anchor, selecting the ten most popular “newcomers” and ten “celebrities”, to encourage anchors to do better network live streaming.

3. The Motives for the Formation of Xiaohongshu's Live Streaming Model

(1) External Motives

① Development of Internet technology. The continuous improvement of mobile Internet technology has also raised the speed of mobile networks; hence it is convenient for users to watch videos anytime and anywhere. By using big data to analyze users' behavior and psychology, Xiaohongshu evolved from a chat application to a marketing application with business opportunities. Against the backdrop of the rapid development of internet technology, the commercial value of online platforms continues to increase. It is essential for Xiaohongshu to explore a path suitable for itself.

② The arrival of the Internet age. Since 2016, China has entered an era when the Internet is accessible to everyone. This has led to rapid growth in the number of live streaming platforms and users. As live streaming has been widely accepted by the public, enterprises are vigorously promoting it, making live streaming a new but important marketing model. Xiaohongshu has duly seized the opportunity to develop rapidly in this context.

(2) Internal Motives

① Bottlenecks in development. In the first stage, Xiaohongshu was just a community software, but with the continuous innovation of Internet technology, the function as a simple community no longer met the users' needs. Xiaohongshu encountered the bottleneck at this time. To obtain more profits and attract more users, Xiaohongshu must increase its awareness of network live streaming and seize this opportunity.

② Long-term development needs to be considered. To increase consumer stickiness, the platform must have its own special marketing model. Therefore, Xiaohongshu must create different personalized live streaming models for users' different needs, provide personalized products and services to highlight its differences from other platforms, and explore a network live streaming marketing model suitable for itself.

4. Operation Elements of Xiaohongshu Live Streaming Mode

(1) Basic Elements for the Construction of Live Streaming

The basic elements are brand, live streaming equipment, and Internet celebrity. Xiaohongshu provides a good communication platform for users and Internet celebrities, which helps to reduce the distance between them, to increase users' stickiness and loyalty.

(2) Scenario Settings for Live Streaming

① The scenario of physical store. This kind of scene-setting is suitable for clothing sales. Since many anchors have their own specialty physical stores, with distinctive interior designs, using store live streaming can enhance the visual effect for consumers. This not only directly showcases the anchor's physical store to consumers, but also increases consumers' trust in the store, and can attract some local consumers to the offline physical store, thereby increasing the store's traffic.

② The scenario of live studio. This is the most commonly used live-streaming scenario setting for Internet celebrities, which is suitable for selling cosmetics and skin care products. The anchor can create a live streaming room suitable for the theme. This scene has a stronger atmosphere of live streaming and sales, making consumers feel more involved. Due to the relatively high cost, it is more suitable for some well-known brands or popular anchors.

③ The scenario of origin. This live-streaming mode is more suitable for fresh and agricultural products. Using the scenario of origin can let the consumer face the origin directly, thereby believing that the health and source of the food they purchase are guaranteed.

(3) Sales Modes of Live Streaming

① Bargaining mode. To interact with the merchants, a bargaining mode can be used when a good live-streaming atmosphere is created. In such cases, the anchor can tell consumers about the characteristics, functions, advantages, and disadvantages of the product. After consulting consumers' wishes, the anchor can bargain with the merchants on the live-streaming site. The transaction is completed at a price that both parties are satisfied with. As most consumers enjoy watching the host and the seller haggle over the price, this model can effectively engage the audience.

② Internet celebrities effect mode. This mode is the main live-streaming mode of Xiaohongshu. When sellers want to increase their influence, especially during times when they need to attract more customers, this mode is the best choice. Compared with ordinary people, the ability of Interne tcelebrities to attract consumers is huge. This livestreaming method requires Internet celebrities to have a very deep understanding of the products, and they also need to share their own experience with using the products. In this way, there will attract more fans for his/her live streaming room.

③ Seckill mode. This is one of the most commonly used modes for live streaming by the anchor of Xiaohongshu, especially in the case that focuses on product sales. The method of seckill can create a sense of urgency among consumers, thereby stimulating consumer behavior and reducing product inventory.

5. Commercial Value of Live Streaming to Xiaohongshu

(1) Increased Market Valuation

As early as 2015, Xiaohongshu began to obtain fans through the marketing model of live streaming. At that time, Xiaohongshu invited many celebrities to broadcast and promote products on Xiaohongshu, which made the number of users of Xiaohongshu rise rapidly. Today, the market valuation of Xiaohongshu has increased greatly.

(2) Improved Visibility of Xiaohongshu

With the development of Xiaohongshu, more Internet celebrities and stars have joined the platform and conducted livestreaming e-commerce, which has greatly increased the platform's awareness and user base. By July 2019, the number of users of the Xiaohongshu App has exceeded 300 million. By October 2019, the number of monthly active users of the Xiaohongshu App has exceeded 100 million.

(3) Expanded the Market Scale of Xiaohongshu

In recent years, the live-streaming mode helped Xiaohongshu continuously expand its market, and transform its products from a single focus to a diversified range. Xiaohongshu has also maintained profitability while insisting on this marketing model. In June 2019, Xiaohongshu was selected for Forbes' 2019 China's Most Innovative Companies List; and on August 4, 2020, Xiaohongshu ranked the 58th in Hurun Global Unicorn List 2020.

Case Questions

1. What are the differences in the live-streaming marketing model between Xiaohongshu and other platforms (e.g., TikTok)?

2. How did Xiaohongshu change from a community to a commercial platform? What is the key to its success?

3. Please analyze the characteristics of Internet celebrities in Xiaohongshu. How can enterprises bring the advantages of Internet celebrities into full play?

4. What are the unique features of consumers' purchase decision-making process in Xiaohongshu? How does it differ from traditional models?

5. What are the different sales models for live-streaming on Xiaohongshu? What are the differences between them? How should companies choose their sales model?

6. How would the sales mode of Xiaohongshu affect consumer welfare?

Case 9

Channel Reform and Innovation of Company A

Keywords:

Channel Decision, Omni-Channel Marketing, Product Licensing

Case Description

1.Introduction

In the spring of 2018, the management team of Company A gathered in the conference room, looking at the business data of the last two years with satisfaction. With in-depth cooperation with many international IP brands, the quality of the products operated by its stores has increased significantly, and the gross profit of the products has increased by about 30%. After obtaining licensing rights from many popular domestic and international brands loved by children, such as Disney, My Little Pony, Transformers, Peppa Pig, Super Wings, etc., the product development department of Company A collaborated with a group of global supply chain resources and jointly developed books and educational derivative products for Chinese children and teenagers. In two years, the annual sales revenue of its IP products exceeded 100 million yuan.

2. The Past and Present of Company A

Company A is a large-scale retail enterprise based on commercial formats such as supermarkets and department stores, mainly engaged in books and creative products. Its business partners include Wal-Mart, Carrefour, RT-Mart, Yonghui, China Resources Vanguard, Wumart, and other well-known retail companies, with a total of more than 900 stores, divided into five regions: North China, Central China, South China, East China, and Southwest China. There are nearly 1,000 employees. It is the largest book retailer in China.

(1) The Relationship Between Company A and Xinhua Bookstore

The predecessor of Company A was the Xinhua Bookstore in B Province. After the reform and opening up, as a professional book distribution company, Xinhua Bookstore has carried out a series of reforms in the book distribution system, including conducting a book distribution network with fewer circulation links and multiple channels and forms of purchase and sales; delegating power and invigorating state-owned bookstores; liberalizing purchase and sales forms and distribution discounts to revitalize purchases and sales mechanism; implement horizontal economic alliances, developing various publishing and distribution enterprise groups. Xinhua Bookstore has become the main channel for book distribution in China.

(2) The Birth and Development of Company A

In 1999, Sichuan Xinhua Bookstore, Jiangsu Xinhua Bookstore, and Guangdong Xinhua Bookstore became the first key distribution group pilot units for the reform of the book distribution system in the country. The enterprise restructuring is a milestone event for Xinhua Bookstore and the entire publishing industry. After the authorized operation, restructuring, and listing of the main business, a shift from decentralized operation to chain operation, from product wholesale to brand marketing, the traditional Xinhua Bookstore has been reborn as a modern cultural industry group.

Nearly two hundred Xinhua Bookstores in B Province have gradually moved towards the professional management of chain operations. But there is a series of management problems such as administrative systems, information management, and financial system due to different organizations and management. Unified management, unified procurement, unified distribution, and unified marketing are the prerequisites for the realization of chain operations. To solve the talent and technical barriers faced by Xinhua Bookstore in implementing modern information management, logistics management, and unified chain operation management methods, it is necessary to implement in-depth reform on enterprise systems and internal employment and distribution mechanisms. Through the establishment of a modern enterprise system, Company A has formed a large-scale cross-regional publication logistics and distribution as the basic, various sales outlets as service terminals, and the Internet information system as an information platform. Finally, in 2005, it formed a commercial marketing network and distribution system that covered Xinhua Bookstores of the whole province. By the standards of listed public companies, the establishment of A Commercial Chain Co., Ltd.(Company A) was initiated. Company A established a bookstore in Xi'an, which is the first step in expanding outside the province, and then Company A opened its bookstore in Chongqing.

(3) Difficulties Encountered by Company A

Although Company A's store development has been rapid, it still faces significant challenges from textbook sales. First, the sales of textbooks changed from monopoly to bidding, and new competitors continued to flood in. Second, the state has implemented a policy of free textbooks for primary and secondary schools. According to the settlement standards for free textbooks, the profit of textbook distribution in Xinhua Bookstore will be very limited. Third, the Ministry of Education has promoted the diversification of textbooks, which has made it more difficult to select textbook versions and aggravated the difficulties in the distribution of textbooks. Fourth, the new policy of reducing students' burden was tantamount to a ban on the sale of tutoring materials in Xinhua Bookstore.

In addition to the challenges faced by the teaching materials business, Company A also faced the following challenges at that time.

① Foreign-funded enterprises poured into the book market. In 2004, restrictions on foreign investment in the field of books and newspapers were lifted. Foreign capital can not only engage in the retail business of books, newspapers, and periodicals but also in the wholesale business, as well as commission agency services and franchising. Foreign-funded enterprises such as Bertelsmann and Amazon established joint-venture book retail enterprises in Beijing, Fujian, and other places.

② The sales volume of books is showing a downward trend. Since 1998, the sales volume of books has been declining, from the highest peak of 7.704 billion copies to 6.706 billion copies in 2004(Table 9.1). Although book sales maintained a positive growth rate, the growth rate continued to decline, it is far below the growth rate of GDP since 2002, and its share of GDP has fallen from 0.38% to 0.3%.

The challenge of information technology. With the rapid development of computers, the Internet, and communication technologies, the cultural industry has also undergone profound changes. Some new publishing and distribution methods, new cultural carriers, and new business formats have emerged, such as electronic publishing, online bookstores, and print-on-demand, mobile phone novels, etc.

Table 9.1 China's book sales and GDP between 1996 and 2004

Year	GDP /Billion Yuan	Growth Rate of GDP	Book Sales Volume/ Billion	Growth Rate of Book Sales Volume	Book Sales/ Billion Yuan	Growth Rate of Book Sales
1996	7117	10%	7.261		266.62	
1997	7897	9.3%	7.471	2.89%	313.17	17.46%
1998	8440	7.8%	7.704	3.12%	347.61	11.00%
1999	8967	7.6%	7.329	−4.87%	355.03	2.13%
2000	9921	8.4%	7.024	−4.16%	376.87	6.15%
2001	10965	8.3%	6.925	−1.41%	408.49	8.39%
2002	12033	9.1%	7.027	1.47%	434.93	6.47%
2003	13582	10.0%	6.796	−3.29%	461.64	6.14%
2004	15987	10.1%	6.706	−1.32%	487.08	5.51%

Data source: National Bureau of Statistics, National Press and Publication Administration.

3. The First Transformation of Company A

(1) Establishment of a Mid-market Wholesale Network

Based on the above-mentioned market issues, Company A carried out in-depth market analysis and long-term strategic planning for the development of the group.

Firstly, it fully developed e-commerce, which included establishing an online bookstore and a book wholesale and distribution network, a move which was the first of its kind for Xinhua Bookstore in China. At that time, there were two well-known online bookstores in China, Dangdang and Zhuoyue. Some large state-owned publishing organizations were unwilling to sell their books to online bookstores due to concerns that they would disrupt market prices and difficulties in controlling channel strategies. Therefore, Company A obtained a first-mover advantage and stayed at the top of the Taobao online book sales rankings for a long time.

Secondly, Company A established a nationwide book wholesale distribution network (book wholesale). At that time, there were four types of book mid-market: Xinhua Bookstore's provincial delivery store, publishing company's self-issued distribution company, private wholesale company, and foreign-funded distribution company. The main market structure presents the characteristics of small-scale, scattered, weak, and low industrial concentration among mid-market enterprises. At that time, book mid-market companies with business, commodity, information, and capital support had not yet appeared. Therefore, Company A invested all its efforts in establishing a mid-market business department in 2007 and set up nearly 30 branch companies at once across the country, becoming a book mid-market service provider.

Thirdly, Company A explored further upstream of the book industry chain by trying to establish a book editing company, and cooperated with the external publishing agency Huaxia Publishing House to publish books. Based on the expansion needs, Company A signed an agreement with a Publishing Group in June 2010 to invest 1.255 billion yuan in 15 wholly-owned subsidiaries of the publishing group to integrate resources. This is also the first case in the publishing industry of China to integrate publishing and distribution resources through equity integration. At the same time, Company A changed its name to "A Publishing & Media Co., Ltd." and became a major cultural media group in the media and publishing industry of China. Company A, which previously focused on distribution, entered the upstream publishing field on a large scale at a lower cost, providing more powerful product support for subscription, mid-market, and retail distribution channels. The vertically integrated business model of publishing and distribution helps Company A. to obtain higher profits in the upstream of the industry chain.

(2) Challenges Faced by Company A′s Mid-market Business in the Face of Industry Changes

After undergoing the above large-scale adjustment and development, a series of internal organizational adjustments have taken place within company A, so its mid-market business has not taken a step forward. When the business is carried out on a large scale, it is already the year 2009, which is also the period of major changes in China′s book distribution channels. The specific manifestations are as follows.

① Online bookstores impacted physical bookstores. According to incomplete statistics, from 2007 to 2009, the number of physical bookstores in China decreased by 10,000. In Chengdu alone, 129 physical bookstores closed in 2010. Most brick-and-mortar bookstore operators believe that vicious competition between online stores has brought a huge impact on the business of brick-and-mortar bookstores. Book sales online stores headed by Dangdang have been attacked by multiple parties from JD and Suning, so they sold books at half price to increase website traffic and click-through rate. However, physical bookstores were facing the embarrassment of high rents and high-cost operations and could not compete with online stores, a large number of well-known stores have closed one after another.

② Reading habits have changed. With the further development of the Internet, electronic reading has become one of the important reading methods for young and middle-aged readers. Sales of traditional social science, literature and art, and science and technology books have all shown a certain degree of decline. Demand for periodicals and newspapers has also shown a trend of drastically reduced. Several periodical businesses and newsstands closed down, resulting in the forced transformation or closure of periodical and newspaper distribution companies.

③ Competition for book sales terminals has intensified. The overall book sales scale in China is showing an upward trend. There are about 400,000 books published in the country every year, of which about half of the new books are first printed and published. The total amount of books that can be stored in a 6,000 km^2 bookstore is more than 100,000 kinds.

This means that if this large bookstore wants to put all the new books of the year on sale, it must replace all the books on the shelves, which is of course impossible. Due to the large number of new products on the market, the display time of each new book on the terminal bookshelf is very limited.

The traditional bookstore business model is a consignment sales method, that is, the book is settled according to the sales of books in the terminal, and it does not bear the pressure of inventory. Therefore, selection and shelf promotion of the bookstore are not paid much attention to. Some books are returned to the distributor six months after they are shipped to the store without even opening the delivery package.

But for Company A, there is a huge inventory risk for its mid-market. Finding channels for the leftover stock has become the focus of the company.

4. The Second Transformation of Company A

At the end of 2010, after examining the foreign book distribution industry and the domestic book sales trend, Company A found an important sales channel, that is, the supermarkets in shopping malls. Supermarkets with wide distribution and low-priced products have become the first choice for most Chinese consumers in their daily shopping. Judging from the overall sales status of books, the traditional retail bookstore was greatly impacted by e-commerce, but the sales volume of emerging book retail channels such as airports and supermarkets was showing a slight upward trend. According to the research, supermarket bookstores are becoming the third largest book circulation battlefield after independent bookstores and online bookstores.

In 2011, Company A began to set foot in the field of Chinese supermarket bookstores and established the largest chain network of supermarket bookstores in China. It received the attention of the National Press and Publication Administration and was promoted as the implementation unit of the distribution chain convenience cultural project.

The way of cooperation between Company A and domestic retail companies was a joint operation, that is, the supermarket provided a book business area ranging from 100 to 200 km^2. Company A operated books in this area, and the promotion staff of Company A came to maintain the display and daily operation of the store. The supermarket only issues the sales target of this area, and Company A completes the sales target every month. This shop-in-shop approach means that Company A has changed from a book supplier to a book retailer, and the traffic of the supermarket solved the problem of insufficient traffic in the traditional Bookstore. Since then, Company A has embarked on a path of rapid development, the specific performance of which is as follows.

① Chain supermarkets grew rapidly during this period, with a large number of stores opening every year. Company A also expanded into the national market along with supermarkets, from North to South, East to West. The maximum number of its stores is more than 1200. At that time, Company A could be seen in most mainstream supermarkets in China.

② With the rapid expansion of stores, Company A's sales also grew significantly, with its sales, turnover rate, return rate, and other indicators far better than the average level of physical bookstores. In 2012, Company A and RT-Mart's affiliated stores had an average monthly sale of more than 100,000 yuan per month, and its stores in East China even reached several hundred thousand yuan. This sales performance surpassed many Xinhua Bookstores in second-tier cities.

③ Due to the limited operating area of the store, the number of varieties it operated is not many, the main varieties are only a few hundred, and there was also a section of seasonal books. The sales volume brought by the huge sales passenger flow is concentrated on the limited variety, so the single product flow is huge. Many publishing and distribution companies attached great importance to the business segment of Company A. Company A had also become a core distributor and strategic distributor of many publishing institutions, and its position was once on par with Dangdang.

The good times didn't last long, and the supermarkets had also entered a similar operating dilemma as physical bookstores. The e-commerce competition has spread to the general merchandise field. Under the vigorous attack of e-commerce companies represented by JD, Taobao, Vipshop, etc., traffic to the supermarket dropped sharply, and sales declined. Supermarkets could only continue to raise the operating threshold of stores, increase the operating costs of the stores, and extend the settlement period for payments. Company A was facing the arrival of the cold winter.

5. The Third Transformation of Company A

To break through in the form of bookstore-in-store, Company A needs to achieve not only an innovation in a store location, but also the improvement of its internal operating efficiency. At this time, Company A was no longer content with just being a retailer of books, as cooperation terms in the supermarket field had become more stringent. The comprehensive cost of some retail stores exceeded 45% of sales revenue. If the cost of goods and labor and logistics costs are deducted, the profit of the supermarket book business is minimal. The first action of Company A is to reduce concessions so that a certain profit can be guaranteed. Books are priced goods, therefore, for Company A, the selling price cannot be increased, so the cost that can only be lowered is in purchasing.

At that time, the best-selling book categories in supermarkets had undergone major changes. The best-selling books were health care books and recipes, inspirational literature, and children's book, and now, health care books and recipes, inspirational literature is shrinking rapidly due to the changes in online reading behavior, leaving only the children's book market.

With the gradual decrease in the number of newborns in China's cities, the post-80s family, the main consumer group, pays more and more attention to the education of the next generation of children. They are more willing to buy high-quality books for their children.

At this time, the model of companies like Muji provided many inspirations for Company A. "What we sell is not books, but more often, cultural creativity." How to give more cultural experiences to children? With the establishment of Disneyland in Shanghai, Disney has also boomed in China. "Since Disney sells so well, can we produce our own Disney products?"

6. Exploration and Innovation of IP Products

After many rounds of market research and discussions, the management team of Company A found that to differentiate a supermarket bookstore from other offline bookstores and online bookstores, the key was to differentiate the products themselves.

How to differentiate the products?

At that time, the Disney series of books were mainly operated by two domestic companies. The Chinese learning books were operated by Children's Fun Publishing Co., Ltd , and the English learning books were operated by Foreign Language Teaching and Research Press. These two publications firmly controlled the production and sales of Disney books in the Chinese market.

Since it was difficult to enter the field of books, where else could they enter? They started by entering the non-book field. Company A first communicated with the authorized business manager of Hasbro in the United States. The key to brand licensing is IP (Intellectual Property). IP licensing usually refers to the owner of an intellectual property granting others the right to use the intellectual property in exchange for the other party to fulfill some form of promise or pay a certain fee.

The licensing business in China began in the 1990s, and Disney was a pioneer in the Chinese licensing market. According to the statistics of the International Licensing Industry Association, in 2016, the sales of authorized products in the United States were $144.5 billion, the United Kingdom was $13.6 billion, Japan was $12.4 billion, and Germany was

$10.5 billion. China ranked fifth only at $8.5 billion. The proportion of licensed product sales to GDP in China is far lower than the world average. The development of IP products has a very large market in China.

In 2014, Company A signed a license agreement with Hasbro to develop related stationery products for the movie "Transformers 4: Age of Extinction" and its animation. They worked closely with a printing factory to develop the first batch of products. Although the product design had shortcomings and could only be sold through their own supermarket channels, this bold attempt opened the door for Company A's IP product development.

In 2015, Company A obtained the license for the image of My Little Pony under Hasbro and carried out comprehensive product development. Company A found that the sales of early-year-oriented hand-made products of My Little Pony were very surprising, even many times higher than that of Transformers. For example, the painted oil painting frame series products of My Little Pony sold 300,000 units in six months, with sales of several million yuan.

In 2015, Disney cooperated with three Chinese local companies: CITIC Press published the book of the same name as the Disney movie; Beijing Kids Media obtained the sales rights of a part of the animation books; Company A, together with Sichuan Children's Publishing House, took the development and sales rights of a part of story books. More crucially, Company A also obtained the right to sell all types of Disney books in its stores. Although this right can only be used in its internal sales channels, this was the first time that Disney broke the business model of licensing according to categories and divided the market according to channels. The sales channels of Company A have finally gained recognition from the IP licensing end.

The product development department of Company A also cooperates with a group of factories with global supply chain resources to jointly develop books and educational and creative derivative products that are popular with Chinese children.

Through the production of IP products, Company A has finally transformed from a traditional retailer with an integrated supply chain to a cultural and creative company with international first-line IP development capabilities; from passively accepting products to actively researching and developing products. Under the protection of exclusive clauses in IP agreements, Company A has become a unicorn in the channel market and obtained more market opportunities.

In the constantly changing channels, profound changes in consumer behavior, and intensified market competition, Company A constantly adjusted its marketing strategy through conducting mid-market book business, supermarket book channel construction, and IP authorization product creation. However, the past does not represent the future. Company A still faces changes in IP authorization, consumer interest, and product sales methods. The future of Company A is worth looking forward to!

Case Questions

1. Please describe the changes in the book distribution channels in China from the 1980s to the present.

2. Why do books become the first category of products that most e-commerce companies engage in, and what other categories share similar attributes with books?

3. IP licensing is an internationally popular business model, what changes has this model brought to Company A?

Case 10

Advertising and Marketing Strategy of Company A's O Brand Mobile Phones

Keywords:

Characteristics of Advertising, Advertising Positioning, Advertising Design and Media Selection

Case Description

1. Introduction

Company A is a technology company specializing in smart terminal products, software, and internet services. O brand mobile phone is one of their products. Company A′s business covers more than 40 countries and regions, with more than 400,000 sales outlets. Company A has six research institutes and four R&D centers around the world, with more than 40,000 employees. Company A emphasizes the core value of "duty" within the enterprise, which includes five levels. The first level is to "isolate external pressure and temptation, maintain a normal state of mind, return to the origin of things, and grasp the reasonable directions we should go". The second level is to "dare to question, dare to challenge, and grasp the essence of things through critical thinking". The third level is to "demand oneself instead of others, and take responsibility for oneself first when problems arise". The fourth level is to "cooperate with others—not taking advantage of others". The fifth level is "duty above honesty, even if there is no promise, what should be done should be done".

Company A has always focused on the technological innovation of mobile phone photography, creating an era of "mobile phone selfies and beauty filters". More than 200 million people around the world use O Brand camera phones. In 2019, O Brand was selected as one of the 100 model brands in the 2019 China Power Brand Ceremony. In 2020, it won the sustainable development innovation award of the 2020 Evergreen Award. In 2020, Hurun Research Institute released the 2019 Hurun China Top 500 Private Enterprises, and Company A ranked 45th with a market value of 130 billion yuan.

China is the world's most important and largest mobile phone market, with huge development potential and market space. As a large global corporation, Company A's products are available in the United States, Europe, Japan, Korea, Southeast Asia, and other countries and regions. To better promote O Brand mobile phones to overseas markets and build a global product sales network, Company A has not only invested a lot of manpower and material resources in product research & development as well as product innovation, but also invested a lot of financial resources in brand building and product implantation. Through the technology and advertising wars, Company A has finally made the O Brand a major domestic electronic product brand, winning the favor of many consumers.

2. Accurate Positioning of Target Products

Since the reform and opening up, China's economy has developed rapidly, and people's living standards have been improving, resulting in an increasing demand and dependence on electronic products. According to statistics, the number of mobile phone users in China is as high as 1.8 billion, and it continues to increase at a high rate every year. This means that in the context of rapid economic development, the prospect of the mobile phone market has unlimited potential. Therefore, it is particularly important to target the population and highlight the distinctive advantages of the product. At the moment when the seller's market is gradually completing the transition to the buyer's market, the popularity of O Brand mobile phones is directly related to consumer targeting and brand positioning, which lay a solid foundation for its later advertising. For example, the music mobile phone series of O Brand, which was launched in August 2008, has been rapidly recognized by consumers in a short time, as a result of being packaged with the characteristic of an independent sound effect chip, the elegant and stylish outlook, as well as large-scale advertising. Since then, Company A has successively launched the Real and Ulike Phone Series. The two series have a common target audience, young women. Although they are similar products, there are still differences. The Ulike Series is more expensive, more stable, and more mature in appearance design. The target consumers of the Real Series are women who prefer bright and vibrant colors, while the target consumers of the Ulike Series are women who prefer mature designs.

3. Novel Advertising Model

With the development of communication and internet technologies, O Brand keeps up with the times and continues to develop and innovate smartphones, pointing the target audience to young men. Therefore, it is not difficult to summarize that the implementation characteristic of O Brand advertising is to quickly let the audience see and remember the product in the fierce market competition by using diversified information transmission channels.

By laying out a large number of high-quality advertisements, the brand image of O Brand has been implanted in people's hearts. In the face of fierce market competition, O Brand has invested heavily in advertising. Its advertisements are mainly placed in the prime time of mainstream channels such as ZJTV, HNTV, and CCTV. Although the cost of advertising is high, these TV stations have a stable and large audience during prime time, and their publicity effects are brilliant. Another reason why O Brand chose mainstream TV stations is that they have a high brand status in the minds of the audience, which helps to increase the brand influence of O brand. During the promotion process, O Brand continuously updates its advertisements to maintain its promotional vitality. To achieve a better publicity effect, O brand also adopts online and offline all-round, three-dimensional advertising to promote O brand mobile phones, resulting in a strong public opinion.

O Brand sponsors a large number of popular variety shows in China, where they appear as props and rewards. Popular variety shows can cover a large number of consumer groups dominated by young people, which aligns with O Brand's marketing concept of continuously pursuing "beauty", brand positioning, and target audience. Therefore, by heavily sponsoring variety shows with young people as their core viewership, O Brand mobile phones have established a strong brand image and solid market foundation.

4. Exquisite Ads

The production and filming of O Brand smartphone advertisements emphasize creating an artistic atmosphere. The quality of their advertisement films can be comparable to that of movies. The widespread dissemination of advertisements can certainly build brand influence, but the quality of the advertisements is the root of increasing this influence. Therefore, O Brand checks the quality of filming advertisements at each level and seeks not only “quantity” but also “quality” during the advertisement production. At the same time, as the primary audience of O Brand mobile phones is young people, their advertisements emphasize capturing the artistic atmosphere, conveying beautiful images and elegant music in a gentle manner to evoke a resonant response from viewers.

In 2017, O Brand mobile phones released a New Year's advertisement named “A Fantastic Journey to Lilliput”. Within an hour of its release, the advertisement received over 10,000 reposts. This advertisement emphasized “artistic atmosphere” in its script, camera design, and post-production, creating a dreamlike feeling for viewers. O Brand smartphones were quickly recognized by Chinese consumers due to their fast charging feature that allows two hours of talk time after only five minutes of charging. Therefore, O Brand continued to highlight this fast charging feature and extended it to a “clearer” high-definition photography function. The advertisement for “A Fantastic Journey to Lilliput” features the beautiful image effect of O Brand mobile phones throughout. The text in the main film, “Who is your New Year's photo waiting for?” corresponds with the advertising slogan “clearer at this moment.” This advertisement uses love as its main theme, pushing the beauty of artistic atmosphere to a climax, while also perfectly demonstrating the improved features of O Brand mobile phones.

5. Advertising Spokesperson

The selection of a spokesperson is crucial for promoting products. No matter who is chosen as the spokesperson of the brand, their personality should match the brand's personality. Only in this way can a celebrity effect be leveraged to enhance brand influence, increase consumer awareness of the brand, and form brand impressions and associations. In the Chinese market, O Brand mobile phones mainly target consumers aged 18 to 40, so they adhere to the youth-oriented route and choose spokespersons with the following characteristics: first, sunny and unique, matching the product personality; second, matching product positioning; and third, rarely receiving negative press. In addition, O Brand mobile phones have accelerated their internationalization by inviting foreign celebrities to endorse them.

Case Questions

1. What inspiration did O Brand's successful advertising and marketing strategies bring to you?

2. How did O Brand choose its advertising goals and media?

3. Try to design an advertising and marketing plan for O Brand mobile phones.

Case 11

Public Relations Marketing Strategy of Company M's 9 Lives Brand Cat Food

Keywords:

Characteristics and Advantages of Public Relations, Public Relations Strategies, Public Relations Planning

Case Description

1. Introduction

Company M mainly produces cat food. Before adopting public relations marketing planning, the promotion strategies of Company M mainly relied on advertising, sales promotion (business promotion), and personnel promotion. The sales of Company M have been stagnant, and its market share in the cat food market is only 6.4%. Company M has conducted a lot of market research and analysis for the market environment. Finally, it made a major strategic decision, that is, taking public relations as the main promotion means among promotion combination strategies. And it signed an agreement with Company L to increase the target market share by 4 percentage points within two years, with an agreement cost of 86 million yuan.

2. The Meaning and Objectives of Public Relations Planning

(1) The Meaning of PR Planning

Public relations planning (PR planning) is a process in which organizations plan, conceive, and design the best scheme with scientific procedures in advance to achieve the success of public relations activities. The goal of PR planning is to achieve the desired image status of the organization through public relations planning and implementation. The core of PR planning is to solve the following three problems: first, how to determine the content of communication and find a way that the public can easily accept; second, how to improve the effectiveness of communication; third, how to complete the PR working system. PR planning has strong strategic, tactical, and creative features. At the same time, it also has characteristics such as global, long-term, guiding, and stability. It is the process of planning and designing the best plan for public relations activities under the guidance of public relations strategy. It is both a science and an art.

(2) Objectives of PR Planning

① Establish the corporate image. PR planning helps enterprises establish both a good internal and an external image. Inside the enterprise, employees may have good morale, forming a strong cohesion and centripetal force. Outside the enterprise, the enterprise could actively use various means to disseminate information, let the public understand and recognize the company, and win the public′s understanding and trust.

② Establish an information network. The external environment is constantly changing, and PR planning is an important channel for enterprises to collect information and feedback to help decision-making.

③ Manage public relations. PR planning is the most effective means to maintain and coordinate the relationship between the enterprise and the public. It coordinates the relationship between the leader and the employees of the enterprise, the relationship between various functional departments within the enterprise, and the relationship between the enterprise and the external public.

④ Eliminate public misunderstandings. When an enterprise makes a major mistake or error, crisis public relations can ease conflicts and reshape a positive image.

⑤ Promote product sales. Establishing a relationship of trust between enterprises and the public through PR planning can not only build a corporate image but also increase the public′s desire to purchase and consume.

(3) Principles of PR Planning

① The principle of truth-seeking. Being truthful is a fundamental principle of PR planning. PR planning must be based on a true grasp of the facts, and information must be communicated to the public in an honest and sincere manner. Strategies and timing must be adjusted based on changes in circumstances.

② The principle of being systematic. In PR planning, public activities should be viewed as a system engineering and planned and coordinated according to a systemic viewpoint and methodology.

③ Innovation principle. PR planning must break the tradition and deliberately seek new and original stuff, so that public activities are vivid and interesting, thus leaving a deep and positive impression on the public.

④ The principle of flexibility. There are many uncontrollable factors involved in PR activities, and flexibility is necessary to be able to adapt to changes.

⑤ Ethics and morality principles. The ethical requirements for the organization and planning of PR activities are becoming increasingly strict.

⑥ Psychological principles. It is necessary to apply general principles of psychology and their applications in public relations, to correctly grasp public psychology and to guide public opinion based on the laws of public psychology.

⑦ Principle of effectiveness. To achieve the enterprise's public relations goals by using minimal public relations costs to achieve the best public relations effects.

3. PR Planning of Company L

Public relations are information transmission activities adopted by an enterprise to promote the public's understanding and support for the enterprise, to establish a good corporate image and expand product sales. Public relations can have a strong impact on public cognition at a much lower cost than advertising. Enterprises use public relations to establish good relations with consumers, investors, media, and communities. PR planning is a very effective means of brand promotion. Company L developed a public relations plan for M

Company around the 9 Lives brand of cat food, based on public relations planning theory, which includes the following points.

① It established 9 Lives as a new brand for the cat food of Company M, and it found an image "spokesperson" for the 9 Lives cat food product brand, namely a very cute cat named Morris. Its image is based on the fairy tale of *Morris the Cat*. In general, a licensed name or character can quickly familiarize consumers with a new product and differentiate it from those of competitors. Consumers often choose what they are familiar with when selecting among similar products.

② It wrote a biography called *Morris*, *A Kind Biography*, which described the growth and various adventures of Morris. Company L not only adapted the book into a comic book but also made a cartoon animation based on the book and broadcast it on television, which was well-received by the public.

③ It launched a competition to find a cat that looks like Morris, with a large number of news reports about the competition. The activity attracted a large number of participants by setting a generous reward, which achieved the goal of making Morris′s image deeply rooted in people′s hearts. The ultimate goal of this activity was to make cat owners and cat lovers familiar with the Morris brand image, thereby creating a preference for the brand through the competition.

④ It set up a Morris bronze statue award and presented the award to the owner of the cat who won the prize at the regional cat show. Publicizing Morris′s extraordinary adventures made Morris a star to consumers.

⑤ It initiated an activity called "cat adoption month" and made Morris the official cat spokesman, encouraging people to adopt cats that have been lost like Morris. The purpose of the activity is to inspire people′s love for cats.

⑥ It released a pamphlet called *Morris Act* to teach people how to take care of cats, thereby fully integrating the company's marketing activities into the daily lives of target consumers, making it a part of their lives.

⑦ It held a large-scale evening party called "Morris Night".

Through the above PR planning activities, the market shares of 9 Lives cat food have been consolidated and increased, and 9 Lives has become the leading brand in the cat food market.

4. Summary

The PR Planning of Company L shows the promotional function of public relations, which is derived from the other functions of public relations. Improving the economic benefits of the organization by shaping a good organizational image is a distinctive feature of public relations promotion. Public relations promotion refers to the comprehensive use of spatial and temporal factors within the company's sphere of influence to convey conceptual and emotional corporate images and product information to consumers, thereby stimulating consumer demand, and encouraging them to make purchase decisions as soon as possible. The main promotional strategies of public relations are as follows.

(1) Space Utilization Strategy of Public Relations Promotion

This is a promotion method that utilizes consumers' visual and auditory senses. The basic method is to create one space image after another that is exciting enough to stimulate consumers' visual senses in a limited space, and to emit one sound after another that is passionate enough to arouse consumers' auditory senses, thereby suggesting a psychological cue for consumers to purchase the product.

(2) Time Utilization Strategy of Public Relations Promotion

Broadly speaking, this strategy refers to exerting various psychological influences and pressures on consumers in the process of consumers' perception of time, to prompt them to purchase products quickly. Also, it aims to enhance the operators' sensitivity to time and their ability to capture opportunities. This strategy includes the use of time and the use of timing, and therefore requires precise estimation and careful grasp.

(3) Conceptual Promotion Strategy in Public Relations

Conceptual promotion is a promotional method that appeals to people's rational judgment. Its basic approach is to help consumers analyze products using logical reasoning, comparative analysis, and factual enumeration, or to fully trust and be willing to purchase a certain product through presenting facts and reasoning. This strategy is particularly suitable for adult consumers.

(4) Emotional Promotion Strategy in Public Relations

Emotional promotion is a promotion method that appeals to people's emotions. It is based on being kind to people and treating them sincerely and therefore can touch people's hearts. Emotional promotion is a promotional method that best reflects the concept of PR and requires the wisdom of the operator.

Case Questions

1. Which part of Company L's PR planning do you think is the best? Explain the reasons.

2. What inspirations have you gained from this case?

3. If you were a planner of Company L, how would you do the PR planning?

Case 12

Let the Subway Stations Be Creative: The Method Attracting Consumers of Ningbo TRYEE

Keywords:

Factors Influencing Consumer Behavior, Marketing Strategy Development, Traffic-driving Strategies

Case Description

1. Introduction

Ningbo TRYEE Information Technology Co., Ltd. (hereinafter referred to as TRYEE) is based on the Institute of Information Technology of Zhejiang Fashion Institute of Technology. It is a high-tech enterprise specializing in the design and development of mobile application software, Internet + textile and clothing, and intelligent fashion product design and development.

In 2015, Ningbo textile and clothing cloud platform was launched, which applies Internet thinking and technology to the clothing industry, integrates resources and technical strength from multifarious aspects, and serves the transformation and upgrading of small and medium-sized enterprises in the textile and clothing industry. It established an O2O-based ecosystem that integrates creative design, manufacturing, brand promotion, marketing, new product release, showcase, designer exchange, training, and fashion industry hackerspaces as a whole. TRYEE provides resources such as talents, capital, and materials for related enterprises around the entire garment industry chain and helps the industry's coordinated development while meeting the growing personalized needs of consumers as well.

Under the guidance of the national strategy of building a strong manufacturing country and transforming and upgrading the manufacturing industry, TRYEE firmly believes that the garment manufacturing industry carries the heavy responsibility of creating a better life, continuously exploring the field of personalized garment customization, insisting on taking the textile and clothing cloud platform as its core to help promote industrial transformation and upgrading, actively tackling the difficulties in the custom clothing industry, and takes the lead in the fiercely competitive field of technology and information. TRYEE's business activities are mainly in the textile and clothing industry, with the textile and clothing cloud platform as the center of the platform services. Based on the background of industrial Internet and the development status of the industry, the textile and clothing cloud platform is designed with big data as the top layer, adopts a modular design concept, and creates a distinctive resource library (containing products, supply and demand information, etc., to realize enterprise map search and query functions), which is divided into design material library, fabric and material library, and enterprise library according to the service objects and contents. The textile and clothing cloud platform will integrate the data and information resources of the whole textile and clothing industry chain, break the barriers between the upstream and downstream as well as connect all links of the textile and clothing industry chain.

2. Personalized Customization Platform of Professional Clothing

Using cutting-edge technology and existing information resources, TRYEE takes Ningbo's professional clothing Internet personalized customization as the key, views the textile and clothing cloud platform as the core to radiate outward, and establishes a textile and clothing personalized customization complex that serves enterprises and consumers in the entire clothing industry chain. The platform connects customization stores, clothing brand enterprises, and excellent talents; integrates the standard characteristics data of industry products and services, establishes a product and services system that is standardized, serialized, characteristic, and personalized based on individual consumer characteristics, psychological characteristics, and demand data; helps clothing customization stores accurately grasp consumers' demand, share supply chain and craftsmen, accelerate brand promotion, explore markets, share industry resources and channels; helps industry professionals to negotiate business and take orders, help consumers to conveniently understand the information of clothing customization store.

The personalized customization platform of professional clothing is based on the technology of artificial intelligence, providing a product and service platform that is standardized, serialized, and personalized. The platform combines nearby stores and combines elements of clothing customization, intelligent recommendation, and AI design to create the "Meituan" platform in the field of professional clothing customization. The platform guides consumer behavior and encourages consumer participation in interactions through establishing reward mechanisms.

In addition to attracting consumers with traditional methods such as giving away gifts, platform vouchers, rebates, free trials, forwarding advertisements, and flyer promotions, TRYEE also proposed the "pudding" concept: consumers can get puddings from different channels, such as first login, consumption, referral registrations (invitations or forwarding), and exchange them for consumption gold at a ratio of 100 puddings: 1 RMB (1 pudding is worth 0.01 RMB), or directly exchange them for clothes that meet the pudding quantity requirement or participate in lottery activities.

3. Existing Problems—Low Traffic Efficiency for Service-oriented Platforms

TYREE has been committed to the construction of a comprehensive service platform for "Internet + clothing", focusing on creating a "small order, quick response" mode when designing, developing, and operating the platform. However, it neglected the issue of traffic generation, which has prevented it from achieving the desired results. Traffic generation and operation are problems that personalized customization platforms must solve.

As a technology and information company, platform design and creativity are the strengths of TRYEE. However, even the best projects are of no avail without traffic. To truly attract consumers, the platform must reach a sufficient number of consumers, have a high enough exposure level, or provide sufficiently high-quality and convenient services so that consumers can quickly meet their needs through the platform. A good platform traffic generation plan not only attracts consumers to download the App but also stimulates them to actively consume and even actively promote it. TRYEE is not operating a platform but managing consumers. TRYEE needs to attract consumers to accept their platform services, not just persuade consumers to download the App.

4. TRYEE's Platform Traffic Generation Plan

(1) Targeting Subway Stations and Leveraging the Flow of People in New Ways

By placing the comprehensive experience store and office headquarters of the professional clothing customization platform in the commercial space of subway stations, TRYEE can fully utilize the flow of people, logistics, commerce, and information in the subway station to increase the exposure of the platform. At the same time, it can subtly serve as advertising and promotion while making it convenient for consumers to visit the store, thereby enhancing the platform's visibility. Subway stations are effective carriers of people, logistics, commerce, and information flows, and TRYEE provides a new driving force for urban and regional economic and industrial development upgrades in this rapid flow.

Subways can drive the rapid transfer of people within the city, which to some extent, will cause a qualitative change in the logistics, commerce, and information flows in the surrounding areas of the subway stations, thereby helping the platform achieve maximum commercial value. The commercial space of the Sanguantang subway station is a relatively simple and concentrated station hall commercial space in terms of passenger flow. The subway station is 1 km away from the TRYEE within the Zhejiang Fashion Institute of Technology, and the whole area is characterized by a strong atmosphere of innovation and entrepreneurship in textile garments. This subway station is a transportation hub for Ningbo Metro Lines 2 and 5. There are residential areas and industrial zones, with a huge flow of people. From an economic perspective, the rational development of the above and below-ground space resources associated with the subway station will allow for the organic combination of the urban transport function and the sales and other commercial functions required by TRYEE. It is an application of the integrated development model of metro commerce that will promote the rational use of urban resources and the accumulation of wealth.

TRYEE deeply explores the diversified and personalized needs of young consumers, supports the stable but difficult-to-satisfy niche demands, and specializes in creating an apparel customization service center at the subway station, which includes professional clothing and special apparel customization such as Han Chinese Clothing, wedding items, and accessories. On the one hand, consumers can experience the fun of independent design and AI intelligent design, while on the other hand, consumers can experience the fun of accessories DIY and making souvenirs. The huge flow of people in subway stations is an advantage for developing business. By providing multi-level, high-quality, and personalized customization services, TRYEE, a service-oriented platform with cutting-edge technology experience services such as 3D measuring, 3D display, AI design, and DIY embroidery, strengthened the organic link between the consumers and the platform, attracting various levels of consumers to participate in platform interaction.

In addition, TRYEE has also set up a measurement warehouse at the subway station, effectively reducing the measurement costs of clothing customization shops and consumers by taking advantage of the convenient transportation of the subway station.

(2) Subway Station Plus Personalized Clothing Customization

The main consumers at Sanguantang subway station are commuters aged 18-30, surrounding residents, and college students. For commuters and surrounding residents, on the one hand, their relatively stable economic base determines their spending power. On the other hand, many commuters happen to have professional clothing needs. TRYEE could strengthen the consumers' understanding and trust in the platform through advertisements of the customization platform, which is conducive to stimulating their desire to purchase.

College students, on the one hand, have a strong ability and interest in accepting new things, and new technologies such as 3D body measurement and 3D clothing selection may attract them to be the first major consumer group. On the other hand, college students have a demand for professional clothing in areas such as club activities, internships, and job hunting, making them a potential target consumer group. Moreover, college students have national characteristics: first, they are distributed nationally, with their classmates, friends, and teachers spread across the country; second, their future employment locations are also distributed nationwide. Therefore, capturing the college student market in the early stage of developing the personalized professional clothing customization market is a wise move for both the initial promotion of TRYEE′s professional clothing customization platform and its later promotion on a national scale.

To this end, TRYEE has designed targeted marketing programs, including the "First Set of Professional Clothes for College Students" and the "Special Innovation and Entrepreneurship Program to Support University Clothing", etc. On the one hand, TRYEE promoted the "First Set of Professional Clothes for College Students" program, by taking Jiangbei Higher Education Park, where the subway station is located, as the center of the program, which spreads outwards based on market demand and feasibility. TRYEE tailored the first set of professional clothing for students with high cost-effective performance, making college students experience the specific services and operational processes of customization and feel the technological charm of personalized customization of the "Internet + personalized professional clothing customization". TRYEE set up non-fixed shops in the commercial space of Sanguantang subway station, offering free rental of shops for college students with relevant entrepreneurial ideas and strong execution, and providing a platform for innovation and entrepreneurship for them. This plan achieved a win-win result for both the platform and the entrepreneurs. First, it may increase the flow of people at subway stations and enhance the visibility of the personalized customization platform of professional clothing. Second, TRYEE supported college students′ entrepreneurship in the form of investment in technology and venues, reducing their startup costs and eliminating their worries about the future.

(3) Fitness Center in Subway Station

At present, the total amount of public sports facilities near the subway station of Sanguantang is insufficient. The fitness center in the subway station will attract surrounding residents, college teachers, and students, as well as residents along the subway, which will be a huge market. Unlike ordinary fitness centers, this fitness center not only has regular fitness equipment but also specifically designed indoor climbing projects. Applying the "Elastic Factory" model, a web celebrity-like marketing, it aims to build a fitness center attracting college students, commuters, and other young groups. It also provides effective resources and motivation for the development of the clothing custom market.

The fitness center can be skillfully connected with the personalized customization platform of professional clothing through measuring warehouses, achieving the purpose of attracting traffic. As for consumers, they are more willing to use big data to record overall changes after exercising. The measurement warehouse can provide free body measurement and body analysis services for fitness users. It uses big data, cloud computing, 3D infrared sensors, and other technologies to show accurate measurement of all body shape data, helping fitness users to understand their body shape trends and health status, meeting consumer demands.

However, the promotion of the measurement warehouse is not the ultimate goal of TRYEE. The 3D body data, if authorized by the user, will be synchronized to the platform. The user can also choose to scan the code directly to synchronize the data to "my measurement" in the platform. This will directly assist users in clothing shopping, personal clothing customization, and other services. The convenience of easy measurement, privacy, real-time data, personalization, and visualization are the highlights of measuring warehouses in the fitness center. Combining measuring with fitness and clothing customization can effectively enhance the stickiness of the users to the platform. In addition, the unique fitness center plus clothing customization pattern is likely to stimulate consumers' desire to share, providing support for TRYEE's word-of-mouth promotion.

(4) Attracting Consumers by Integrating

Instead of discarding all the traditional methods, TRYEE has combined some successful traditional methods to attract consumers with the characteristic methods in the subway station. TRYEE leverages the traffic advantages of subway stations and takes the lead in developing a new scientific fitness model of “Internet + fitness” by using the flow of people, goods, commerce, and information, to rapidly open up markets, attract consumers, and establish a stable database of fitness users. Then, through subway station and fitness center promotion, scene marketing, and body measurement data synchronization, it continues to expand the existing professional clothing customization market and tap into the potential market, supporting the market promotion and brand building of the professional clothing customization platform.

First, integrate the main bodies to form a combined communication force. Under coordinated planning, TRYEE and custom clothing shops each play their part, turning passing passengers and tourists into a publicity force. They share their experiences online or promote TRYEE through word-of-mouth, increasing its activity, attracting more attention to the professional clothing customization at the subway station, and turning more potential customers into actual ones. TRYEE pays attention to feedback and return visits, attracting repeat customers with a good reputation; it also targets customers with high purchasing enthusiasm and strong consumption capabilities, providing them with high-quality paid custom products and services, striving to turn them into long-term clients.

Second, integrate content to enhance communication impact. TRYEE attracts traffic and acquires new customers through a trinity of “fitness center + custom clothing shop + public transportation” as a form of promotion, thus rapidly expanding the market. It builds a subway station-based custom clothing theme scene to enhance the sensory experience of customers, strengthening TRYEE's impression among the target customers, especially young groups like college students. It continuously expands the existing market for professional clothing customization and explores potential markets, promoting the market expansion and brand building of professional clothing customization, creating conditions for TRYEE to generate profit, expand into new markets, develop new customization technologies, and provide new high-quality services.

Third, integrate media to expand the scope of dissemination. By leveraging new media, network media, social apps, and other media dissemination, TRYEE fully utilizes its technology platform to set up professional clothing consultation topics, constantly enriching communication forms and methods. Moreover, TRYEE places QR codes for information at conspicuous locations in its specialty stores, allowing customers to access relevant industry information during their fragmented time. This approach not only alleviates negative emotions caused by waiting in line but also encourages customers entering the subway station's custom clothing center to download and use the platform App, converting in-store customers and even passers-by into platform service clients.

Case Questions

1. Based on TRYEE's initial traffic attraction methods, what are your thoughts on attracting traffic?

2. What are the reasons for the success of TRYEE from the perspective of designing a traffic attraction plan?

3. What insights does TRYEE's creative design at subway stations offer for marketing innovation in service-oriented enterprises?